关于本书中一些重点的思维导图

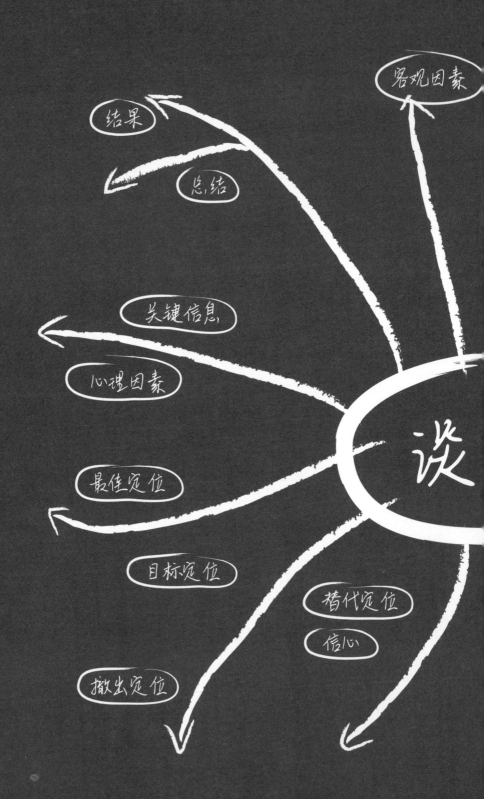

6大应用场景

· 加薪谈判
· 商务谈判
· 电话谈判
· 团队谈判
· 邮件谈判
· 国际谈判

己方获胜/对方获胜/共赢

准备

影响他人

提问

倾听

第一印象

全脑思考

肢体语言

战术

议价

处理冲突

识破谎言

判

哈佛经典谈判课

［英］德雷克·阿顿（Derek Arden）◎著

张亮◎译

WIN WIN

How to get a winning result from
persuasive negotiations

北京联合出版公司
Beijing United Publishing Co.,Ltd.

图书在版编目（CIP）数据

哈佛经典谈判课/(英) 德雷克·阿顿著；张亮译.
—— 北京：北京联合出版公司，2018.3
ISBN 978-7-5596-1623-4

Ⅰ.①哈… Ⅱ.①德… ②张… Ⅲ.①商务谈判
Ⅳ.①F715.4

中国版本图书馆CIP数据核字（2018）第018556号

著作权合同登记号 图字：01-2017-6997

哈佛经典谈判课

作　　者：（英）德雷克·阿顿

译　　者：张　亮

总 发 行：北京时代华语国际传媒股份有限公司

责任编辑：李　征

封面设计：红杉林文化

版式设计：姜　楠

北京联合出版公司出版
（北京市西城区德外大街83号楼9层　100088）
北京中科印刷有限公司印刷　　新华书店经销
字数220千字　　690毫米×980毫米　1/16　　　17印张
2018年3月第1版　　2018年3月第1次印刷
ISBN：978-7-5596-1623-4
定价：59.00元

未经许可，不得以任何方式复制或抄袭本书部分或全部内容
版权所有，侵权必究
本书若有质量问题，请与本社图书销售中心联系调换。电话：010-83670231

关于作者

在过去的 25 年里，德雷克·阿顿一直担任国际谈判师的角色。他在与世界第三大零售商的一次谈判中，第一次意识到有一些至关重要的谈判技能值得学习。当时他拒绝在一单一百万英镑的合同上做出价格调整，在谈判仅仅进行了 30 秒后，他就被要求离开会议室了。

当天晚上在回家的路上，德雷克·阿顿买了他人生中第一本关于谈判学的书。从那时开始，他不断地学习研究每一本有价值的书、音频资料，并认真观看全球顶级专家们出版的关于谈判学这一话题的视频资料。

德雷克曾有过亲身谈判的经历，也曾向专家学者们学习请教。他将专家们的谈判学原理应用到实践中，将众多专家的谈判学智慧统一到了一个简单易操作的理论系统之中。

德雷克求学于哈佛商学院，师从威廉·尤里（William Ury）教授，从事谈判研究工作。威廉·尤里教授是全球公认的谈判学专家，也是《谈判力（Getting to Yes: Negotiating an Agreement Without Giving In）》（1991）一书的合著者之一。其后，德雷克研究心理学，研究人与人之间的互动，还就人们进行自我定位的情境这一课题进行研究。作为一名对他人热切而专注的观察者，德雷克早期的一部出版作品就是关于解读人们肢体语言的。

与此同时，德雷克还承担着全职工作，由于他作为一名一线谈判师，具有一流的实用操作能力，因此他被邀请在伦敦和欧洲的多所著名商学院发表演讲。德雷克担任亨利商学院（Henley Business School）的访问学者长达 12 年之久，如今任教于萨里大学（Surrey University）的工商管理学硕士（MBA）项目。

在辞去了全职工作之后，德雷克开办了一家名为谈判代理公司的谈判咨询公司，并成为了一名全球演说家。

德雷克的谈判技能具有普遍的适用性，他不使用艰深的术语，所表现的都是非常实用的技巧。正因如此，德雷克已累计被五大洲二十七个国家的公司邀请发表演讲。德雷克一直以来热心地致力于将谈判的艺术和技巧变得实用、可操作化，他所使用的方法是真诚、简单、不加术语的方法。

当培生教育集团正在全世界范围内苦苦寻找合适的资讯和合适的作者为他们写作 2015 年的书籍的时候，发现了德雷克的作品。培生教育集团邀请德雷克写作一本能够在培生集团的品牌下出版发行的书，这本书要能够满足双方共同的愿望，那就是达到实用性、易读性与合作共赢集于一身的标准。

如今，德雷克所倡导的谈判技巧在谈判桌上、会议室里以及大会讲坛上都发挥着重要作用。

德雷克的资质包括财经学院机构的注册院士、英国特许管理学会（CMI: Chartered Management Institute）会员，以及职业演讲协会（Professional Speaking Association）会员。同时他也担任职业演讲协会主席。关于德雷克的更多信息可以从如下网上资源中找到：

www.derekarden.com

www.youtube.com/derekarden

www.twitter.com/derekarden

鸣 谢

感谢萨莉、马克、珍妮、伊妮德以及斯坦,感谢你们的鼓励、理解以及智慧——没有你们的支持,本书不可能完成。

此外,我还要感谢我所有的朋友们、同事们以及业务伙伴们,感谢他们提供的建议、灵感以及提供的故事。

需要感谢的人还有很多,请恕我在此不能一一列举。

序 言

能够为这样一本出色的书作序，是我的荣幸。

我与德雷克·阿顿相识已经 25 年了，我了解他的业务能力以及个人品质。

长久以来，德雷克都孜孜不倦地致力于帮助人们学习。事实上，他先前之所以放弃非常高端的金融服务业的工作，一个最关键的原因就是他想要寻求一份教育行业的工作——而不是守在伦敦的办公室，每周 7 天、每天 24 小时沉浸在全球金融的世界中。

我们第一次相遇是在谈判桌上，当时他正在效力于一家全球金融服务机构的分公司，而我则效力于该公司的另外一个区域部门。有时候一场公司内部谈判会像对外谈判一样艰难，甚至有过之而无不及。这种情况简直已经是司空见惯了！

正如德雷克所言，在我们人生的旅程中，在我们这个风云变幻的世界的激烈搏杀中，我们所面临的一切事件，都可以归结为谈判。

我欣赏德雷克。我欣赏他的真诚，我欣赏他的丰富学识，欣赏他一直全心全意致力于通过谈判达到合作双赢的结局的精神。

我建议大家能将这本书从头到尾细细读几遍。仔细品读这本书的内容，因为这本书涵盖了你可能会用到的所有方面的商业谈判技巧。

关于谈判、销售和影响的心理学，德雷克几乎无所不知。读者们可以用这本书去改善自己的谈判成效、职业生涯和业务。这是一本至关重要的顶级成功指南册。

贾斯汀·厄克特·斯图尔特（Justin Urquhart Stewart）

贾斯汀·厄克特·斯图尔特是最受业界认可的一名市场评论员，活跃于电视、广播和报刊业。最初，贾斯汀接受的是职业律师教育，他曾观察零售市场行业长达 30 年之久，与此同时也服务于企业银行业和股票经纪活动。贾斯汀对个人投资者在市场中扮演的角色以及收益问题都有独到的见解。

引言

这本书所讲述的内容，涵盖了我在过去 25 年间所研究的所有实践领域。

1. 作为一名国际业务谈判师。

2. 作为一名学生，我曾求学于全世界最顶尖的大学（哈佛大学商学院）谈判学研究机构。

3. 作为一名职业演说家，我一直全心全意致力于将复杂的概念用简单易懂的形式介绍给听众，秉持这样的追求，我在五大洲的 27 个国家发表过演说。

我一直努力让这本书变得简单易读。该书分为三个部分，每一个部分都很容易领会。在本书的每一阶段，我都贯彻了 KISS 原则——化长为短、化繁为简（keep it short and simple）——让这本书变得易于阅读、易于吸收、易于实践应用。

章节设置：

第一部分关于谈判本身。不论你是否意识到，作为读者的你们每天都置身于谈判之中，并时时刻刻思考如何才能提升自己的谈判技能。毕竟，谈判几乎包含于人际交互技巧中的每一个领域。正如我的一位导师曾经说的那样，学到就是赚到，我们学到的越多，我们赚到的就越多。

第二部分包含了想要成为一位高效的谈判者所必须掌握的 11 个步骤，当然本部分还提供了所有必备的小窍门和技巧，用来帮助读者日后继续不断提升自己的谈判技能，从而成为一名真正出色的谈判者。

第三部分包含了一些短小的章节，叫作"热点"。这些章节是当读者遇到特定的情境的时候可以用来参考的。

读者朋友们可以根据自己的喜好选择特定的部分阅读，也可以按照顺序从头到尾阅读全书。

每章开始都有本章内容提要，提醒读者本章将要学到哪些；每章结尾都有要点回顾。

笔者还在全书各个部分加入了"重要提示！"环节，还有一些"注意"内容，用来帮助读者更好地理解这本书的精华并将其应用到今后的任何一场重要谈判中去。

此外，书中还加入了自我评估测试部分，需要读者完成，笔者希望这些测试能够对读者有所帮助。

笔者在本书中想要讲述的故事案例实在是太多了，这些案例都是为了说明一些要点——谈判中被粗鲁地要求离开会议室怎么办；被威胁了或者被窃听了怎么办；遇到有人试图贿赂怎么办；遇到了强大对手该怎么办——但是我不能讲那么多的案例，因为我自己从事的这份工作本身具有保密性。

事实上，我的出色的编辑、培生公司的埃洛伊丝·库克女士曾经直言不讳地对我说："德雷克，你讲的这个案例听起来更像是安迪·麦克纳布（Andy McNab）① 的小说故事而不是一个商业谈判案例。"这个案例讲述的是我们当时的谈判被安排在巴黎的某一个会议室里，我们有充足的理由相信那个会议室被安装了窃听装置。如果你想了解关于这个故事的更多细节，还是联系笔者好了。

在过去的 25 年中，我一直努力确保自己与各个领域获得最顶尖成就的人们相处，因为你不单可以从他们身上学到东西，他们的行事风格与气质也能让你受到启迪。如果你无缘得见他们本人，那也可以买他们的书，去听他们的演讲或者观看他们的录像。我做了大量的努力，为的是把他们的智慧融入本书当中。

谈判的潜在层面是各种心理学原理，是解释人们如何做出行为的心理学知识。所以在读这本书的过程中请各位牢记这一点。思考一下这对对方有什么意义？思考 WII FM 问题——这不是收音机电台名——而是"这对我有什么好处（What's in it for me？）"。请记住，每个人都是不同的，如果你不开口问，你就永远不知道对方的出发点是什么！

请将这本书放在你的案头或者你的书房里，每当你面对谈判情境时，就可以拿来做参考——事实上你需要这本书的次数比你想象的还要多。正如我的一位朋友在很多年前提醒我的那样，自我提升类的书是为了实用而存在的，不是为了放在书架上面装点门面："武装你自己，而不是武装你的书架。"

笔者祝愿各位在提升谈判技能之后能够完成精彩的谈判。

请牢记：

1. 永远要为对方留有利益空间。

---

① 译者注：安迪·麦克纳布，英国小说家。

2. 任何事情，无论你把它细分成多少部分，你都总能看到每一部分的两面性。

3. 凡事预则立，不预则废。

笔者还为读者朋友们准备了网上资源，网址：www.derekarden.com ——在该网站上你们能够找到我发布的日常博客词条（将近 900 条可以检索），这些博文的设计目的是为了帮助读者们自学，提升谈判这一生活与业务中的必备能力。

目 录
contents

第一部分

为什么谈判是至关重要的

第一章　我们都是谈判者

在本章中你将会学到：

·谈判无时无刻不在发生。任何与他人之间的互动都可以看作是潜在的谈判。

·我们天生就是谈判者。人们在童年时期就已经无师自通，知道跟自己的父母讨价还价。

·即使你在职场的岗位上，你也是在售卖自己的时间和专业技能，以换取金钱上的回报。请确保自己的工作得到了相应价值的回报：你本质上是为自己打工的。

我们都是谈判者

每当我进行关于谈判学的公众演讲时，都会感到很惊异。我看着观众，问出一个非常简单的问题："诸位当中有多少人是谈判者？"

我看到几乎没有人举手，只有少数几个人点头。当然，正确答案应该是我们每个人都是谈判者。我们无时无刻不在谈判——我们和自己的孩子们谈判，和伙伴们谈判，和配偶谈判，和公司同事们谈判，和客户谈判，甚至和我们自己谈判。

当然，这个问题的回答还是要取决于我所演讲的场合的。如果我在企业里做演讲，那么举手的人会比一般的观众群体更多些。我常常惊讶于人们竟然并没有意识到自己作为谈判者的身份，而且他们也没有意识到自己在每天生活当中如此频繁地扮演着谈判者的角色。这样的问题可以令人大开眼界，而我希望我的这本书也可以让读者们大开眼界。

和自己谈判

我常说，人的第一次谈判就是与自己进行的。我为什么这么说呢？因为一般情况下，不去谈判要比去谈判容易得多。随着你对这本书阅读的深入，你会越来越清楚地理解谈判进程中的心理学。

事实上，为了谈判的成功，你需要花足够的时间思考什么样的方法最适合处理问题。当然，处理问题的过程还可能会遇到一些冲突，而你用来处理这些冲突的手段，可能就会以一种润物细无声的方式影响你的谈判结果了。

所以说，你自己的心境、你的心理状态以及你对待如何谈判这件事的方法，都会影响到你以及你谈判的成果。

请面对现实吧——那些在生意场上和在生活中的成功人士们，同时也都是成功的谈判者。他们肯定是因为善于谈判才有了今天的成就，而这种能力或者是通过自学，或者是从他人手中学到的，又或者从一本书中（比如你正在读的这本书）、从书店里、从研讨会上或者从高级讲习班中学到的。

作为一个谈判者，满分 100，你能得多少分？

在我的高级讲习班课程上，每次上课之前我都会问标题中的这个问题。现在，在本书的开始，我请你思考一下这个问题。

一般来说，大多数来上课的学员给自己的打分都在 40 分到 70 分之间。这样打分的人大概有百分之八十之多。

接下来我要问你的问题就是：作为一个谈判者，究竟多好才算是足够好？

如果你给自己打 60 分，那么想要做到 70 分你需要满足什么样的条件？如果想做到 80 分或者 90 分呢？到了那一步将会有什么样的改变发生？那样的改变是不是也同样会为你的职场生活、人际关系以及个人生活带来改观？

重要提示！

问问你自己：如果你给自己的谈判带来改观，你的生活将会做出怎样的改变？

谈判是一种无时无刻不在使用的技能

每一次的人际互动都是一次谈判，而我们在很早的时候——在童年就已经学会进行谈判了。事实上，几乎在我们刚一降生的时候我们就学会了哭泣，然后我们发现一哭就会有人来喂我们。

如果你问一位行为心理学家：哭泣这一行为对我们有什么样的启示？他会说，这种反射会产生一种锚定效应，一种巴普洛夫反射：激烈的行为将会使你获得关注。

然而随着年龄的增长我们发现，想要得偿所愿，我们有比哭泣更好的办法。尽管如此我还是经常遇见一些用情绪化的方式来进行谈判的人，比如"坐在婴儿车里乱扔玩具"或者说话拐弯抹角、含沙射影。

几乎生活中的每一个领域、每一个时刻，当你在和他人进行沟通的时候，你就是处在一个谈判情境当中的。

戴尔·卡耐基（Dale Carnegie）曾经在 70 年前写过一本书，那是他的第一部作品，也是最好的一部作品之一。他给这本书取了一个大标题"如何赢得朋友并影响他人"。这本书曾经被重印了好多版。从本质上讲，这本书说的是，如果你能帮助人们得偿所愿，那么他们也会帮助你得偿所愿。

重要提示！

如果你能帮助人们得偿所愿，那么他们也会帮助你得偿所愿——有时候这个原理也被叫作"互惠法则"。（见第十四章）

谈判者时代

我曾经听到一种说法：人生中最适合谈判的年龄是 0-16 岁以及 32-50 岁。

在我们 16 岁之前，我们都处于无拘无束的状态。在我看来，这一点就我之前所做的观察来说似乎有一定的意义。在我们进入青少年时期以前，我们都是在拓展我们的发现与认知边界。当我们步入青春期之后我们会显得十分笨拙，因为我们已经开始想要离巢飞翔，自己去探寻生活的奥妙了。所以，在那几年的时光里，我们非常适合当谈判者，通过谈判不断地、尽可能地试探我们的运气。

大概在 16 岁左右，我们对自己周围所发生的事情有了更加清醒地认识——于是我们变得沉默，不再问东问西了。

问问题，这是谈判中最为重要的技能之一。你一定要提出高水平的问题，然后做一个细心的倾听者。

随着我们问问题的次数减少，我们确实变得成熟了，我们也变得更加尊重他人，但是问题也随之而来：我们在面对谈判场合的时候，往往会陷入尴尬。

在大约 32 岁的时候，人们往往处于适度或极度的雄心勃勃的状态，他们在业务方面开始承担更加重要的职责，并且开始意识到他们必须为之努力。

于是他们全身心投入到工作之中，在谈判中寸土必争并以此来展示自己的能力。

在大约 50 岁的时候，人们开始变得释然，因为他们可能更倾向于快速达成交易，于是对较小的细节就不关注那么多了。

我发现上述规律一般来说是正确的，尤其是对于青少年来讲，因为他们在不断探索自己父母所能够忍受的极限。

人生是道选择题

人生是我们自己的人生，我们可以选择是否去探寻人生的最大价值。人生中总是充满了各种各样的选择，尽管有些人并不喜欢过多地去考虑这些选择，只是一心抱着极其乐观的希望。

我记得我有一个叫作迈克的朋友曾经说过："我这份工作没有任何前景可言，可我还有长期抵押贷款要去还呢。我陷在当前的工作之中无法自拔、无处可去。"

迈克其实是有选择的。他可以选择继续不做改变，自怨自艾；也可以选择做出决定，采取行动，把自己从悲伤的生活中拯救出来。

绝大多数人都选择了负面消极的方向，他们什么改变也不做，然后就在苦苦思索为什么自己到头来还是两手空空，什么也得不到。

在迈克这个案例中，如果他想要得到一些东西，就不得不放弃现有的一些东西。尽管我们生活在一个丰富多彩的大千世界中，但有时候能拥有的东西却仍然是有限的。

在我们拥有的所有东西当中，最为有限的就是我们的时间了。我们每天都有同样的 24 个小时，每小时都有同样的 60 分钟，每分钟都有同样的 60 秒。

所以时间问题说到底还是精力分配问题。如何利用时间取决于如何分配你的精力和你的动力，动力则来源于你给自己设定的目标。

一天中有 24 个小时，这其中人们平均睡眠时间是 7.5 小时，路上要花费 2 个小时，吃饭 1.5 小时，工作 8 小时。这样一来只有 5 小时的剩余时间留给其他的兴趣爱好，这些时间加起来是每周 35 个小时。

你有大把的时间可以将自己的生活推向完全不同的另一个方向。

所以，迈克坐下来，从各个方面思考着自己生活中想要达到的目标，然后他再幻想自己已经实现了这些目标，想要实现这些按照计划需要 8 年的时间。他在自己的幻想中绘声绘色地为自己描述了他将要成为的样子、他的感受、他将要听到的评论以及人们对他的赞许。他自我感觉良好。

制订了计划之后，迈克开始采取行动了。

他的生活改变了，他开始跟自己进行谈判、和他人进行谈判，而如今，他已经非常成功。

采取行动，开始谈判。

第一场谈判就是跟你自己的谈判，而这场谈判是在你的头脑中进行的。我们面临着一道选择题：把生命中的重要事件看作是一场谈判。然后，这道选择题就是，要么去谈判，要么接受现实，随遇而安。

重要提示！

当你自认为自己知道一切的时候，你所得到的教训才是真正重要的。

为自己打工

人们常说，我们是给自己打工的。无论我们效力于哪位老板，我们都是出售我们的时间、我们的专业知识和我们的服务给老板，用以换取费用、薪水或者工资。

我们所得到的回报数量可能取决于老板心目中我们工作的价值，或者还可能取决于我们谈判的结果。我们可以用我们的工资与其他人、其他工作进行基准比较，用以确定我们所得到的薪酬数量是合理的。不过我们还要考虑一些额外项目，比如健康保险、休假、进修假期以及病假等等。

你要培养一种时刻准备谈判的心态。

每件事情都是一个谈判情境。

这对我有什么好处？

最后，有一点是值得我们牢记的，那就是 WII FM 所代表的含义。这不是一个电台频道的名字，它所代表的含义是"这对我有什么好处？"。

"这对我有什么好处？"你在做事情之前首先要问这件事情对你有什么好处。但是，当你能够理解一件事情对谈判中的另一方有什么好处的时候，你就能够真正在谈判中获得一场双赢的胜利，无论何时都可以。

你是世界上最重要的人。如果你不能把自己照顾得很好，那你就无法照顾他人。正因如此，当你登上飞机的时候，在你帮助别人戴上氧气面罩之前，有人会告诉你先把自己的氧气面罩戴上。

综上所述，谈判其实是一种人生技能，就谈判而言，这是一种日常技能，也是我通过长期观察总结出的技能。大多数人其实是知道自己该做什么的，只是他们到最后并没有按照自己所知道的方式真正去做。

要点回顾：

· 人生的第一场谈判是同自己进行的谈判。
· 每个人是在为自己打工，所以谈判直接或间接地影响到了你的收入。
· 谈判是一项随时随地需要用到的技能。
· 请记住 WII FM："这对我有什么好处？"
· 随时随地都要保持准备谈判的心态。

第二章　不谈判的代价

在本章中你将会学到：

- 如果你不去谈判，你将会为此付出巨大的、不可预知的代价。
- 如果你没能够随时随地保持谈判状态，你将损失多少。
- 你的收入与你的谈判能力之间存在着非常紧密的相关性。

不会谈判，你就等着吃大亏吧！

有些人喜欢谈判，而有些人则不喜欢。

所谓谈判，无非就是要你多一点勇气、多一点求胜心，然后去争取一个更好的交易结果，仅此而已。

我曾经周游世界并发表很多演说，我发现了两个非常有趣的事实——请允许我稍作概括如下：

1. 这世界上似乎存在两种人：一种是会谈判的人，一种是不会谈判的人。

2. 而同样巧合的是，这个世界上各种东西的价码也分为两种：第一种价码是给那些不会谈判的人准备的，第二种价码是给那些会谈判的人准备的。

全世界不同地区的人，会谈判的比例大小也不尽相同——这取决于不同的文化、不同的传统以及当地人的成长环境和宗教环境。

很多企业之所以陷入严峻的困境当中，仅仅是因为他们没有具备谈判技能。

不去成为一名专业的谈判者，这样的代价，你担负得起吗？

我的计算结果

据我计算，自打 25 年前我开始认真对待谈判起到现在，我觉得我多赚或者省下的钱，包括这些钱的复利在内，已经超过了 250000 英镑。

如果你在未来的 20 年间能够多赚或者省下上述数字的百分之十，那就意味着你将会增加 25000 英镑的财富。而且你剩下的那一部分财富支出是不用再缴税的——对这部分钱你已经缴过税了。

下一页我将会为你呈现一个计算表，叫作谈判节约计算表（NSC）。^① 这个表可以帮助你算出你和你的公司可以多赚或者省下多少钱。

现在请拿出笔，快速计算一下，在接下来的 20 年中，如果你能够认真对待生活中与每一件事相关的谈判，那么你可以多赚或者节约多少钱。

你可能会惊诧于计算得出的结果，自己居然可以多得到这么多钱——通常这个数字比大多数人在退休之后得到的退休金还要多。

如果你现在正在被雇佣，那么你的收入将会从如下方面增加：劳务费、薪资、奖金，还有一切额外收入比如额外津贴、养老金缴费以及专业培训日等等。

如果你有自己的企业，你的收入将会从佣金、报价和产品销售等方面增加。

成本就是我们花掉的钱。我们可以尽可能地削减我们的成本。我们可以货比三家，可以进行价格配合，可以讨价还价把价钱压低。

注意！

尽管你努力工作——但是如果你不能学会谈判的话，你可能并不会得到自己真正应得的酬劳！

此外，如果你不提出要求，那你根本没有给对方一个同意你的机会，而有时候他们是非常有可能同意你的要求的！如果你不去提出要求，那么无论你心里在想着提出什么样的要求，答案都会自然而然是否定的。

我有一个客户，叫作艾莉森。她跟我说，她曾经把这个道理告诉自己的三个孩子。结果现在他们总是要这要那，于是她开始埋怨我——要知道这三个孩子分别只有 4 岁、6 岁和 8 岁。

在我提供的谈判节约计算表中，你会看到我增加了第三个目录，叫作软货币交易，或者以物易物。如果你用自己的技能去帮助别人，而作为回报别人也用他们自己的技能来帮助你，那么这样做所剩下的钱，储量是惊人的。有些人会帮我修电脑，而我则会给他们提供一点训练，教他们如何提高自己的薪酬。

---

① 译者注：negotiation savings calculator。

谈判节约计算表（NSC）

首先让我来解释一下这张表格是如何使用的。然后你可能就会想要算一算自己的数字是多少了！

实体收支

第一行——如果你是一个商人，那么这一行可以是年销售额；或者如果你是一名个体户，它也可以是各种各样形式的年收入。

像大多数人一样，你唯一的收入来源可能就是你的薪资和奖金（如果你能够通过谈判给自己争取到一份奖金的话）。如果真是这样，那么学会如何在这一领域进行谈判，对你来说就很重要了。

第二行——这些是你的成本部分——你每年支出了多少钱，无论你是否经商，都会有这一项的存在。

如果你是一名个体户，那么你的成本就是纳税后的钱，因为你的税金是以收入为基础进行缴纳的。所以说任何支出的削减都是实实在在免税的！

无形收支

我在计算表上并没有列明这些项目，但是它们确实对你是有收益或是有消耗的，当然，这取决于你如何去处理了！

以物易物的交易——这一方面是指，你可以为别人提供一些服务，以此换取别人为自己提供的服务。要做到这一点，你需要有一些"他山之石"的思想（参见第十章）。举个例子吧，你帮某人做了装修（或者是你自己擅长并乐于去做的一件事），然后作为回报，他给你上课，教你如何使用互联网。

关系——无论你在什么地方建立人际关系，都一定会遇到不同程度的意见分歧和冲突。知道如何以一种理智的、对各方都有好处的谈判的方式从这种分歧和冲突中脱身出来，这种能力将会是极其有益和节省成本的，无论这种谈判是跟生意合作伙伴、和老板、和生活伴侣、和配偶、和家庭成员还是和你的孩子们。这一项很难用具体的数字来计算和衡量，但是在你学会变成更优秀的谈判者这一过程中，这一项还是值得多花一点时间去思考的。

表2.1 谈判节约计算表

销售额——收入
通过谈判增加的收入　　=

购买——成本
通过谈判削减的成本　　=

每年的额外收益，乘以历年的节约数额，乘以上一时期的复合投资收益率（在过去
100 年内，股票、证券、房地产的平均年投资回报率是超过 12% 的）。

例1：企业方面

第一年——通过谈判得到的额外的销售额及利益 =10000 英镑

通过谈判而达成的额外成本节约 =5000 英镑

额外年均总收益 15000 英镑

15000×5（未来五年商业增加的盈余）=75000 英镑

例2：个人方面

第一年——通过谈判得到的额外收入 / 薪资

增长额 1000 英镑 =1000 英镑

通过谈判节约的支出——1000 英镑 =1000 英镑

总额 =2000 英镑

2000×20（未来 20 年预计总额）=40000 英镑

　　这里所做的假设是针对那些并没有让所有的一线员工（一线员工指的是那些在销售、管理、采购领域的员工）满足"一切皆可谈判"这一前提的企业，但这些员工应该学会谈判。

　　对一位个体户来讲，这一条事实上适用于大多数人，因为大多数都还没有掌握谈判的个中关窍。

　　未来 20 年的节约成本这一项是没有用复利法来计算的。所以，理论上来讲，因为谈判而增加的利润 / 资金流甚至会更加可观！

重要提示！

　　不要去打没有把握的仗。有时候你需要顺应对方的意见，收敛你的骄矜，继续前行。

一些有趣的现象：善于谈判的人赚得更多

在教学过程中，我发现人的收入和谈判技能之间存在着显著的相关性。

我非常有幸曾在亨利商学院作为一名访问学者进行长达 12 年之久的研究，与此同时我正在通过谈判手段，试图在情况变坏之前脱离金融服务业。在亨利商学院，他们对选修战略管理课程的人们进行为期两年的记录。

该课程的学员都是委派来的，他们是来自全世界各地的公司的高层管理者。这些人之所以被他们的公司委派过来进修，是因为他们具有较高的潜力。

以下这份记录是他们的企业中的管理人员以及同事们对他们的一些特定技能的评价。这一指标随后会与被记录者的收入水平做对比。参与进修的这些经理人中，比较典型的一部分人平均管理 231 名员工。

这项调查所显示的结果是：少数委派学员——这些人在 40 名学员中占到 11%，他们的薪资是一般学员的两倍之多——被他们的经理评价为在以下 5 项能力上具有最优异的表现：

· 谈判技能。

· 公开演讲技能。

· 口头表达技能——能够清楚地表达自己的想法。

· 对下属的评估能力——知人善任。

· 自我管理能力——能够高效地管理自己和自己的工作。

如果你选择读这本书，那么好处之一就是你所提升的这项技能正是上述几项当中最为重要和有效的一项。

具有杰出成就的人，都知道如何利用手下人把工作做好。他们知道如何从他人手中获取成果，他们知道如何使别人感觉良好。

我曾经有一次在苏格兰的丹弗姆林开设讲座。我注意到在观众席中有一位女士正向我投来非常强硬的否定的目光。她的肢体语言告诉我说："我绝对不会去谈判的。"

事后，我请这位女士谈谈她为什么对谈判有如此负面的情绪。我问她是否喜欢这次演讲，今后是否愿意多尝试谈判。她回答说自己对于谈判感到非常的不舒服——她觉得讨价还价本身是一件非常降低人格的事情，人们理应提供最合理的价格，因此谈判这件事理应是没有必要的。

这种问题在入门级别的谈判者身上是很常见的。可是尽管交易中的双方都主动提供最优价格这一假设非常的美好，但我们还是应该意识到非常重要的一点：生意场是有它非常残酷的一面的。谈判是相当重要的——谈判可以帮助交易的双方保持诚信，可以保证交易以比较实在的价位进行。

如果你对谈判这件事感到不舒服或者不好意思，那么你可以先从小的谈判开始，锻炼你自己的谈判技能，然后逐渐向更高的目标迈进。你的技巧和信心将会与日俱增，而你终将获益。

现在请回顾一下你的谈判节约计算表——难道上面记载着的你本来可以省下的诱人数额还不足以激励你去进行更多的谈判吗？

商业领域对谈判技能的需求是极大的

英国特许管理学会（CMI）在 2013 年进行的一项调查表明：管理人员最想要提升的各项能力按照优先顺序排列如下：

1. 战略决策能力——占 44%。
2. 谈判和影响他人的能力——占 35%。
3. 变革管理能力——占 34%。
4. 教练与辅导能力——占 33%。
5. 项目管理能力——占 32%。

该调查的结论是："谈判能力训练是企业经理们最想要得到仅次于战略决策能力的训练。"为什么会这样呢？

因为能够进行出色谈判的能力直接影响到了你的谈判结果。没有其他任何一项技能可以产生如此巨大的影响。

正因如此，英国特许管理学会的成员们有意将谈判和影响技能训练作为他们在 2013 年的第二号重要训练项目，因为他们明白，谈判技巧将会是他们所从事的企业经营的关键所在，也是成功的关键。

因此我决定将注意力转移到那些具有专业资质的人身上。我有一次在保加利亚的索法举办的一个全球会计师论坛发表演讲，这是全球第十四大会计师组织。我调查了当时与会的 91 名听众，他们全都是在自己的领域有一定资质的人。

1. 60% 的参与者认为自己不擅长谈判。
2. 只有 21% 的参与者经常进行讨价还价或者以物易物交易，包括服务互换等非现金交易。

3. 只有 44% 的参与者表示当有人对自己使用标准的谈判技能时，他们能够意识到这一点。

4. 只有 32% 的参与者表示自己能够留意、解读并解释他人的肢体语言——音调、音色的含义以及语言。

5. 只有 46% 的参与者表示自己曾经提出过非常犀利的问题。

6. 最后，32% 的参与者并不确定他们是否清楚自己的实际水平（这是最后的一个问题，作为一个实验，用以测试他们的回应是否真实）。

我请心理学家格雷厄姆·琼斯对我的这些调查结果发表意见。他告诉我说：

"因为 32% 的参与者并不确定自己实际的水平是否如自己所说，他们是在反思自己的直觉是否准确，又或许是由于他们对你所提问的这一领域缺乏自信心。无论是哪一种可能，这个结果表明，这些人普遍对谈判这件事并不了解。

40% 的参与者表示自己是优秀的谈判者（这意味着另外的 60% 不是），然而这其中只有 21% 的人真正掌握讨价还价的方法；只有 44% 的人能够在他人使用谈判技巧的时候留意到这一点——这说明他们可以提升的空间很大呀！"

读者朋友们可能会发现，在我的这几项调查结果中间存在着一定的不一致性，其实当你向人们询问他们的谈判能力时，这种不一致性并不是什么稀奇事。为什么会这样呢？我认为谈判技能有点儿像驾驶技能：大多数人是不愿意去承认自己不擅长谈判的，正如他们同样也不愿意去承认自己开车技术不好一样。

注意！

正如生活中有些事情那样，人们往往被自负心态所左右。有趣的是，自负一词（ego）的三个字母正是谈判一词（negotiating）的第二个、第三个和第四个字母。所以教给大家一个记忆窍门：当你在谈判的时候，去掉你的自负。

最后，领英网（Linkedin）① 的一项调查表明：有超过 1 / 3 的职场人在面对谈判行为和展示谈判技巧时会表现出不适应。

要点回顾：

· 如果你不去挑战极限、不去谈判为自己争取利益的话，那么随之而来的代

---

① 译者注：领英网是一个全球职业社交网站。

价是不容忽视的。

· 好的谈判者懂得利用自己的技能、利用自己得到的结果和自己的收入。

· 谈判技能是一项职场必备技能，很多职场从业者都觉得自己在这方面有所不足。所以，通过对这项技能进行研究学习，你将会有更大的概率走向更大的成功。

· 如果你不去谈判，那么有一些本应属于你自己的利益将会被他人拿走。

世上的一切事物，你付出了多少分量的生命去交换它，它的代价就有多大。

——亨利·梭罗（Henry Thoreau）[1]

---

[1] 译者注：亨利·梭罗，美国著名作家、自然主义者、改革家和哲学家。

第三章　谈判中的"三赢之局"

在本章中你将会学到：

· 在你的销售行为中，在你影响他人的过程中，在你处理困难问题的过程中，谈判对你的成功都是具有基础性意义的。

· 一次谈判中的"三赢之局"，指的是自我一方的胜利、谈判对方的胜利以及业务关系本身的胜利。

· 当我们的处境变得艰难时，请从短期问题中脱身而出。

· 想要解决谈判中的难题，有时候你需要一点创造性思维。

谈判是一切的中心

在一系列的原则中，谈判一词处在中心的位置。

图 3.1

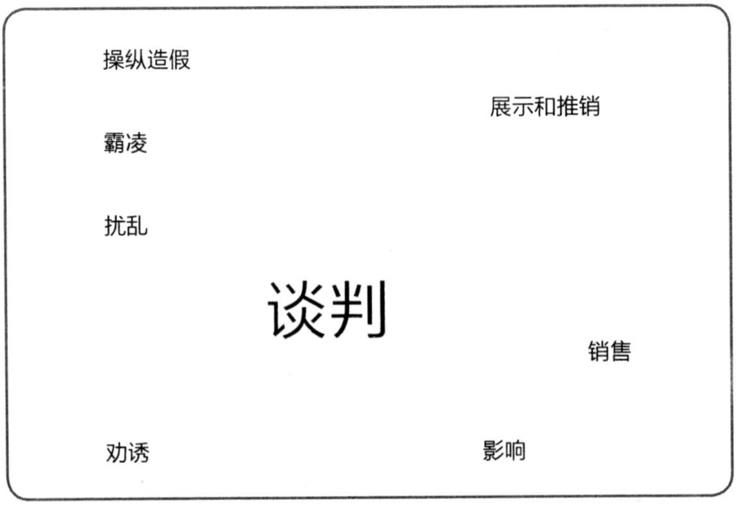

操纵造假

展示和推销

霸凌

扰乱

谈判

销售

劝诱

影响

这些原则对于得到一个成功的谈判结果、进行一场谈判交易、取得良好的谈判成绩，是很重要的。我们用什么样的字眼来形容这些原则并不重要——想要成为一名优秀的谈判者，我们就必须擅长以下几点：

· 展示和推销——为了让自己赢得对方的关注。
· 销售、劝诱和影响——为了让对方愿意和我们进行交易。
· 提问和倾听——为了了解对方的出发点是什么。
· 讨价还价、交涉和交换——为了最终达成交易。

但是谈判还是有它的黑暗一面的，那就是操纵造假、霸凌和扰乱。你必须时刻警惕这些负面因素，当它们发生的时候你要有能力去处理它们。

这是一幅复杂的图景，但是图景中的一切都围绕着一个中心，那就是谈判。你越擅长谈判，在生活的方方面面所获得的结果就会越好。

谈判不只关乎你一个人

谈判是我们在生活中所从事的一切事情的核心。正如很多事情一样，谈判也会产生各种不同的结局。

当我们跟人讨论问题时，如果某事已经成为定局，那么这一点就应作为所有谈判的基本前提。现在你只能以谈判胜利一方——你，或者对方——的视角去看待这一点。但是实际上，一场谈判能够得到的典型结果主要有四个：

1. 赢输之局：你胜利了，对方失败了。
2. 输赢之局：你失败了，对方获胜了。
3. 双赢之局：你们谈判中的双方都得到了胜利。
4. 双输之局：你们谈判中的双方都遭受了损失。

看看以上四种谈判结果，或许你想要给自己争取到最好的结果，但是从你们谈判双方的长远关系角度来看，你同时也应该考虑进行一场优质的谈判。

图 3.2

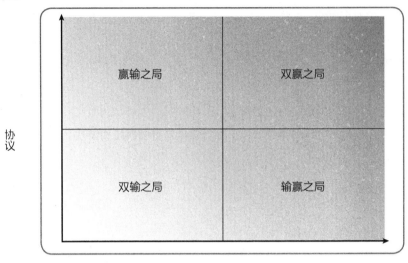

协议

关系

用图表的方式精确制定策略并观察结果

在图 3.2 中，纵轴代表协议或者交易，横轴代表长期关系。我们所说的"三赢之局"，指的是在建立真正良好长期关系的前提下出现的双赢之局。

相比于一味地想着为自己争取想要的结果，你更应该确保的是，谈判的结果应该对双方都是有利的：你赢得了胜利，我赢得了胜利，一次谈判双方共同的胜利，就是一次双赢之局。

然而，如果我们对事物做进一步思考呢？与其将关注点仅仅放在某一次特定的谈判结果上，你更应该时时刻刻牢记，你们之间还存在着长期的关系：你赢得了胜利，我赢得了胜利，我们都赢得了胜利。一次谈判双方共同的胜利，一次有利于巩固长期合作关系的胜利，才是一次三赢之局。

三赢之局，意味着更高的谈判质量、更好的合作关系以及更好的谈判结果。

重要提示！

有这样一个普遍现象，那就是想要向现有的老客户销售更多的产品，或者想要让现有的客户将你的产品推介给他的熟人，是相对容易的；而相比之下，想要吸引一个全新的客户，往往就要花费前者 7 倍以上的时间和精力了。

正因如此，上文提到的谈判三赢之局就是一个非常行之有效的途径，它可以帮助你通过谈判的手段为自己营造一个良性的销售环境。

在如今这个充满竞争、全球化日益加深、挑战日益增多且存在各种潜在危险的世界里，三赢之局是最好的前行之路。

如果你还不是十分确信这一点，那就试试这个画圈打叉游戏 ① 吧，该游戏是对三赢谈判情形的一个介绍引入。

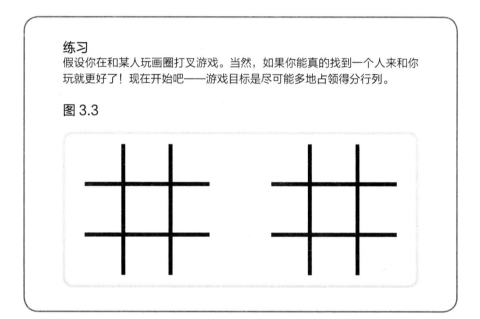

练习
假设你在和某人玩画圈打叉游戏。当然，如果你能真的找到一个人来和你玩就更好了！现在开始吧——游戏目标是尽可能多地占领得分行列。

图 3.3

那么，这两局游戏的结果如何呢？大多数的人们都认为游戏的目的就是为了获胜，为了达到这一目的，他们往往努力阻止另外一方占领得分行列。

我曾经邀请全世界数以千计的人们来玩画圈打叉游戏，在91%的游戏局中，都发生了同一件事：人们都只是单纯地觉得，要想获得比赛的胜利，只有让自己多得分，让对方少得分，游戏的目的就是这样的——在这种假设下，游戏参与者的竞争性会被激发出来。当然这样的情形在实际谈判的过程中比比皆是。

但是我们再回过头来思考一下，我对游戏的介绍是："游戏的目的是为了让

---

① 译者注：画圈打叉游戏（noughts and crosses）：二人轮流在九个小方格内画圈或打叉，以先连成一行者为胜。

自己占领尽可能多的得分行列。"这项游戏规则里面丝毫没有提到要去阻止游戏另一方得到自己的得分。

练习
再试一下这两局游戏吧，如果你和你的同伴合作，那么你们每个人都会有机会为自己赢得八个得分行列。

图 3.4

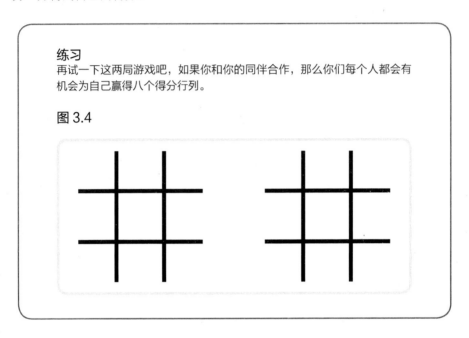

为了达成每人八个得分行列的目标，可以这样分配：第一幅图由我占领，全部打叉，第二幅图由你占领，全部画圈。通过这样的办法，我们就为游戏双方都争取到了尽可能多的利益，这就是合作。

所以按照上面的办法，你们的游戏格局最终应该类似于一个谈判的三赢之局。你们两个都得到了自己想要的结果（每人独自赢得了一张图的领地），双方对这个结果都很满意。

图 3.5

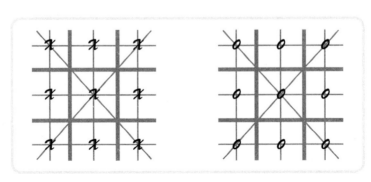

注意！

生活中总是有一些人只想着自己得到胜利，全盘通吃。对这种人，你越早能够察觉到他们的行为，就越早能够从他们身边抽身离开。

如果在谈判中，对方只是一味关心自己的胜利，而全然不在乎你的利益得失，那你就要小心这种人了。一般拥有这种行事风格的人都不太会是做生意的好伙伴。或许你应该抛弃他们，尽快地找到适合合作的下家。

你采用什么样的谈判策略，这很大程度上直接取决于你对你的消费者个体们采取什么样的商业策略。这样做可以让你从长期和短期两个方面都能够最大化自己的收益。

请确保让与你打交道的人们都明白你的策略，然后一以贯之地去执行它。

在长期持续的商业关系中，真正的三赢之局所带来的协同利益简直是不可估量的。

请一定不要忘了，你需要让你的团队里面每一个人都能理解你的这一策略。如果他们不能理解的话，你可能就会有达不到目标的风险了。

同心协力的好处到底有多大？这里有三个案例可以说明：

1. 反作用力实验

这个实验案例强调的是通过双赢与合作带来的利益。

我第一次看见这个案例，是在哈佛商学院。当时我正在参加一个名为"如何对付难相处的人"的讨论组——当时他们号称这个讨论组的水准是全球第一的。我在我的高级讲习班上经常向学生演示这个案例，因为它有非常重要的意义。这个实验案例原先是由威廉·尤里（William Ury）教授所演示的，尤里教授是与罗杰·菲舍尔合著惊世之作《达成共识：谈判不让步》一书的伟大作者。

尤里教授让参加研讨会的一名成员走上前去，找好自己的重心站好（双脚稳稳地站在地上，全身的重量均匀分配在双脚上），然后双手伸出。

教授自己站在了与这位学员相对的位置（读者朋友可以在某个场合请一位搭档来配合自己完成这个实验）。

当教授靠在这位学员身上或者推他的时候，这位学员会以一种竞争者的姿态报以反作用力，这是人们经常会做出的行为。教授施加的推力越大，另外一个人就需要给出越大的反作用力，只有这样才能保证自己的身体平衡，不被对方所推倒。

同样的事情往往在生活中发生：互动的双方中有一方施加的压力越大，那么另一方就会报以越大的反作用力，这样的互动模式往往对事态的发展、谈判的结果以及最终交易的达成都是有损害的。

接下来尤里教授做了一件不寻常的事情。他突然停止施加推力，抽身闪到一边。而另一位同学就失去了推力作用的对象。

反抗的精力变得徒劳，对方所推动的不过只是空气而已。这个故事告诉我们：

1. 有的时候在冲突中我们需要抽身到一旁，不要执着于眼下一时的争端，而应该放眼看到更大的格局。

2. 如果我们不再向对方施加压力，我们可以更加清晰地看到我们的共同目标。

3. 当一个人能够冷静想一想后果的时候，他所争论的点往往就不攻自破了。

注意！

你给对方加的压力有多大？有时候你应该抽身站到一旁，重新审视一下当前的事态。你应该用头脑中理智的一面去思考问题，并给出对方相应的可选答案。

2. 17 头骆驼的寓言故事

这是一个流传了数千年的寓言故事。看看你能不能领会其中的寓意呢？

有一位老汉去世了，留下了三个儿子。他的遗嘱中交代说，把他全部遗产的一半留给他的大儿子，遗产的 1 / 3 留给二儿子，把遗产的 1 / 9 留给小儿子。这并不是很公平，但毕竟他的遗嘱中就是这样写的。

那么现在问题来了。在老汉去世的时候，他留下的财产仅仅有 17 头骆驼而已，除此之外再无他物。儿子们算来算去也算不出如何分配这些骆驼，因为这并不是一道能用数学解决的难题。

正当他们努力想要找到解决办法的时候，有一位聪明睿智的老妇人走上前来，她问这三个人是否需要帮助。

他们把眼前的困境告诉了老妇人。老妇人说，也许她可以帮助他们，办法是把她自己的一头骆驼送给他们当作礼物。

这就意味着他们有了 18 头骆驼。于是这样一来，问题就解决了：

这 18 头骆驼的一半是 9 头，1 / 3 是六头，1 / 9 是 2 头。

难题就这样解决了。

老汉的儿子们发现他们还剩一头骆驼没有分配，于是他们把剩下的这头骆驼送还给了那位聪明的老妇人，几个人分别各奔前程去了。

这个故事告诉我们:

想要解决一个问题,可不仅仅只有一种办法。你可以试着寻求三赢之局。

注:这个故事在不同的场合已经被引用过很多次了。

3. 20 英镑的游戏

这个游戏有好几个不同的版本,它们对谈判议价过程都有着非常重要的借鉴意义。这个游戏很有趣,而且能够说明我们在本书中试图阐明的要点。

找到两个人,交给他们 20 英镑或者你所在国家的类似数量的货币。告诉他们:如果你们二人能够在 60 秒钟之内通过谈判达成一致意见,将这笔钱进行分配,那么这笔钱就归你们所有。不过有一些限定条件:

你们不能完全平分这笔钱。

如果你们在一分钟之内不能达成统一意见,那么就要将钱归还给我。

现在请读到这里的读者们先稍作停顿,思考一下:你将会面临什么样的局面?不过,这个游戏你也可能会愿意找你团队中或者生意伙伴中的两个人来玩。

正如你所发现的那样,这个游戏需要一点点创造性的思维,通常来讲,这还是需要耗费一点点时间的。

人们可能会想到的解决方案有:

1. 如果是两者当中的一个人得到这笔钱,总好过我们俩谁也得不到。所以要不要让我把钱拿走?这样下次见面的时候我来请客喝饮料。

2. 如果咱俩不能达成共识,那就六四开,我拿 12 英镑,你拿 8 英镑,这样至少你获得了 8 英镑的钱。

3. 我需要这笔钱,我这个月还有账单没还清呢。这次就让我先拿了钱吧,下次见面我会补偿你的,相信我。

当游戏时间结束的时候,很有可能出现的结局就是:你不但最终没能够拿到你的 20 英镑,你还会深深地体会到为什么谈判会是如此的艰难。

这个游戏中所体现的具有借鉴意义的原理,在任何谈判中都是适用的。当谈判时间紧迫的时候,人们往往没有时间抽身出来,做一些局外的冷静思考。正因为你没有时间,所以你在对事情做出种种反应的时候,是不经过思考的。当你缺乏准备时间的时候,你会本能地回归到利己主义的状态。

所以我们在这个案例中要如何达成一个三赢之局呢?

正是为了要解决这个问题,我们才需要变量,才需要额外附加因素。我们因此才需要考虑到我们自己可能会想要得到的其他利益，以及谈判中的对方可能会想要得到什么样的利益。

有一些富有创造性的解决方案，暂列如下：

1. 我拿走这 20 英镑，然后我会帮你洗车、把我的光盘借给你或者给你发送些电子书。

2. 我会把我读过的几本好书寄给你。我会把德雷克·阿顿的《非凡呈现》这本书送给你。

3. 我会给你上一课，教你如何使用领英网。

4. 我会教你如何使用一些省钱网站，比如返现网（Quidco）。

还有一些解决方案例如：

1. 你拿走 10.01 英镑，我拿走 9.99 英镑。有时候，有些人的求胜心极其强烈以至于哪怕是多一分钱他也要去努力争取，就为了显示自己的胜利。

2. 我往这 21 英镑里面多加入 1 英镑。现在我们可以分割这 21 英镑了——你拿 10 英镑，我拿 11 英镑。

3. 咱们先定好，每人拿走 9 英镑，接下来咱们就这 2 英镑进行谈判吧。

4. 抛硬币来决定。如果是正面，你拿 11 英镑，我拿 9 英镑；如果是反面，我拿 11 英镑，你拿 9 英镑。

大多数人是想不到这些解决方案的，因为在他们的眼中，这次游戏并不是一次伙伴之间进行的合作。他们把游戏中的另一个人看作是竞争对手。

当我们缺乏思考时间的时候，当"这对我有什么好处？"的这种利益考量开始在游戏中大行其道的时候，大多数情况下，人们会千方百计确保自己一方的胜利！

要点回顾

· 当你在谈判的时候，请努力寻求三赢之局。

· 请牢记本章提到的双图画圈打叉游戏，要让每个人都获得胜利。

· 任何情况下都请跳出圈外重新考量全局。这将会使你思维清醒，重新去努力达成共同的目标——合作共赢。

· 面临困境时，请记得尝试去寻找"第 18 头骆驼"。

第四章　给自己的谈判技能打分

在本章中你将会学到：

· 如何使用自测评分表测试自己的谈判技能。在你读完这本书之后，你可以再次用这张自测评分表测量自己的谈判技能，看看你通过阅读本书，获得了多大的提升。

给自己的谈判技能打分

这张评分表（见表 4.1）是基于本书第二部分的章节内容"11 步谈判法"而制定的。在你读完了这本书并且在实践中尝试了其中的一些谈判技巧之后，你还有一次机会进行自我复查。如果你在本书中学习到了一些手段、技巧以及窍门，但是还没有时间去准备和研究，那么你是很难满怀自信地走到谈判桌前的。

自我评估测试

1. 请回忆起最近经历的一次谈判情形并在脑海中牢记。

2. 将下面的分表中的问题通读一遍。然后对你自己的谈判技巧和能力等方面做出评分。从评分表中 1 到 5 的登记中选取一个为自己打分：1 代表很差，5 代表非常好。

3. 按照评分表中所标注的倍数相乘，然后把你所有的得分加起来。这样你就会得到一个介于 1 到 100 之间的得分了。

表 4.1 自测评分表

你的技能	你的评分	乘以倍数	你的得分
1. 计划与准备	1 2 3 4 5	X4	
2. 营造出色的第一印象	1 2 3 4 5	X1	
3. 提出正确的问题	1 2 3 4 5	X1	
4. 善于倾听	1 2 3 4 5	X2	
5. 动脑思考	1 2 3 4 5	X1	
6. 解读肢体语言	1 2 3 4 5	X2	

续表

7. 警惕谎言	1 2 3 4 5	X1	
8. 使用正确的策略技巧	1 2 3 4 5	X3	
9. 影响另一方	1 2 3 4 5	X1	
10. 知道如何议价	1 2 3 4 5	X2	
11. 知道如何处理冲突	1 2 3 4 5	X1	
12. 谈判时有自信	1 2 3 4 5	X1	
			总分：

为了确定你对每项技能的评分数值，请使用如下提问来判断。所有的否定回答都会削减你的评分。

1. 计划与准备：

· 你总是会事先为谈判做准备吗？

· 你会预先研究你的客户吗？

· 你会预先计划好自己的报价和额外因素吗？

· 你会不会去找一些之前与对方谈判过的人核实一些信息？

· 你是否会预先准备一张议事日程表，为你的谈判做一做环节上的规划？

2. 营造出色的第一印象：

· 你会不会去营造一个积极向上的印象？

· 你在面对面的会议中会不会考虑到座位问题？

· 你是否会穿着得体的服装，佩戴得体的饰品？

· 你与他人握手的时候表现出的是冷淡还是自信？

· 你在谈判时是时刻保持微笑还是看起来忧心忡忡？

3. 提出正确的问题：

· 你是否会预先准备自己要问的问题？

· 你是否会使用开放性问题来收集信息？

· 你是否会使用封闭性提问来确认一些事实？

· 你是否会努力思考对方想要得到什么利益？

· 当你不确定自己得到的答案是否正确的时候，你会不会重新提问？

4. 善于倾听：

· 你是否会积极主动并认真仔细地倾听他人？

· 你是否能够做到专注当下——只关心眼前的问题——而做到心无旁骛？

· 你是否能够保持沉默，鼓励对方继续说下去？

· 你是否点头赞许并请求对方对所讲内容进行拓展？

· 你是否会使用倾听的、专注的肢体语言？

5. 动脑思考：

· 你会不会把文件上提到的问题全都彻底想清楚？

· 你是否会与他人一起头脑风暴，思考问题？

· 你在思考问题的时候是否会使用思维导图的方式把自己的思维理清楚？

· 你知道如何让自己保持在冷静的状态中吗？

· 你是否随时随地携带一个笔记本用来记录自己的好想法？

6. 解读肢体语言：

· 你对肢体语言的捕捉是否总是很敏锐？

· 你是否能够意识到他人的肢体语言？

· 你是否能够读懂很多肢体语言的含义？

· 你是否会去模仿并使用对方类似的肢体表达以获取亲密感并建立人际关系？

· 在谈判桌上你是否会注意管理自己的肢体语言？

7. 警惕谎言：

· 你是否总是十分警惕以防被人欺骗？

· 当你感到有些事情不对劲的时候，是否会去查证核实？

· 你是否能够很好地解读出他人的欺骗性肢体语言？

· 当某些人表现的过于有说服力的时候，你是否会心生疑虑？

· 你是否能够辨认出一些关于谎言的语言线索？

8. 使用正确的策略技巧：

· 你能否意识到谈判策略、心理战术的重要性？

· 当别人对你使用谈判策略的时候，你自己是否能够有所察觉？

· 你是否能够读懂最常用的心理战术？

· 当有人使用卑鄙的谈判手段时，你是否能够意识到？

· 你是否知道如何应对对方的心理战术？

9. 影响另一方：

· 你是否努力建立亲密感与信任感？

· 你是否能够设身处地为他人着想，学会移情？

· 你是否能够谨慎地选择自己的措辞和用语？

· 你对常用的影响策略是否有足够详细的了解？

· 你在做出让步之前，是否确保自己能得到一些有利的承诺？

10. 知道如何议价：

· 你是否会提议双方各退一步进行交换？

· 你是否总是不接受对方提出的第一次报价？

· 你对谈判中的可变因素（额外因素）是否了解？

· 你是否使用这样的话语："如果您这样做——我们就会那样做？"

· 你是否在商店或市场中练习讨价还价以提升自己的谈判技巧？

11. 知道如何处理冲突：

· 你是否会提出超过对方预期的要求？

· 为了达到你的目的，你是否会制造一点小冲突？

· 你是否了解自己的天然冲突模式？

· 你是否知道如何识别其他的冲突方式？

· 你是否意识到你应该改变自己的冲突方式去适应谈判中的对手？

12. 在谈判中表现出自信：

· 在面临谈判时，你是否会做一些准备工作以获得自信？

· 你是否会选择你团队里的一名成员作为旁观者随行，以增加你的自信心？

· 你是否知道如何将自己调整到自信满满的状态？

· 你是否从别人那里获得过研究成果以及信心？

· 你是否有意识地避免自己表现得太过自信？

你可能会感到好奇：为什么有些技能的加权会有所不同呢？这是因为不同的技能其重要性的大小是有所区别的。

在过去长达25年的谈判实践中，我不断地计算这些分值，并对上表的这些问题以及各项机能的权重进行改善与打磨。举个例子，相比于提问的技能，事先准备谈判的能力占到了 4 分的比重；虽然善于提问同样是非常重要的技能，但是对于谈判的整体结果而言，它并不像事先准备那样具有胜负攸关的重要性。

你的得分是多少？

80 分及以上——你是一名出色的谈判者。你是否还有一些需要进一步提升的谈判技能呢？如果有，请集中注意力在那些技能上吧。

70 ~79 分——你是一位不错的谈判者。你可能会有一些领域尚待努力，以便能够达到更高的一个级别。

60~69 分——你的谈判技能还可以。

50~59 分——你有相当的提升空间。可能会有相当一部分技巧是你可以提升的。

40~49 分——你需要他人的帮助了。你的谈判水平已经位于平均线以下，你真的有许多技能是有待提高的。

39 分及以下——你真的需要从头到尾好好读一读这本书了！

请记住，这份表格所显示的只是你在当下所处的水平。而真正重要的是你心中想要达到的水平，是你真正应该达到的水平。请你牢记，阅读这本书的你，终将成为一名更加优秀的谈判者！

你可以提升哪些技能？

请看一看你在自测评分表中的各单项得分，这些评分显示了你是否有某些技能是需要特别注意的。提升某些单项技能将会有助于你提升全方位的谈判能力。这些测评结果将会告诉你需要在哪些能力上做出单独的努力，而这些技能也将会直接影响到你的谈判成果。

当你在读这本书的时候，请看一看自己的弱点在哪里——然后思考如何弥补自己这些方面的不足。

要点回顾

- 在阅读本书余下部分的过程中，请记住自己在自测评分表中的得分。
- 思考一下自己需要提升哪些方面的技能。
- 随时都可以对自己进行重新评估。（参见第十七章）

第五章　谈判——权力的游戏

在本章中你将会学到：

· 你需要认真思考什么才是真正的权力！
· 权力有时候仅仅是一种视角和感受而已。
· 如何接受并掌握权力。

谈判——权力的游戏

在谈判中，权力是一个具有关键作用的变量。

在谈判中掌握权力是很重要的。然而，那些没有掌握权力的人们则需要学习他们如何创造出某种权力，或者如何改变权力评判的视角。

权力的视角

在大多数人心中一直以来都存在着一种心理防御机制，他们仅仅关注自己的弱点，而忽视自己的强项。所以人们怀有的心态往往是我不能够做什么事，而不是我能去做什么事。

这样的心态在谈判中会产生真实的后果。如果你也是那些只看自己缺点的芸芸众生中的一员，那么你往往会自然而然地做出假设：自己在谈判中是处于比对方更加弱势的地位的。正因如此，你在谈判中往往不会开口提出要求，因为你害怕自己被拒绝。

然而这种想法并不合乎逻辑。如果大多数人都怀有这样的心态，那么毫无疑问，那些更加有经验、更加精明的谈判者就会从中获益。

真正的问题在于：在谈判当中，你要如何劝说对方相信真实的权力所在呢？

我在每一次对观众演讲的时候都会提到这一点，我也能看到观众报以什么样的肢体语言，大多数时候他们对我这种观点还是表示同意的。当我在了解我的客户后，我大多数的工作就是要去增加他们在谈判过程中所拥有的真实可感的权力。

我们如何才能够反客为主，使自己站在更有权力的位置上呢？我们如何能削弱对方的权力感知，并因而提升我们的地位、强化我们的定位以及增加我们的自信心呢？

其中有一个办法就是要拥有或者创造三个可选项，也就是说，你有三种选择，可以决定自己到底做什么事、怎么做。无论你是销售者还是购买者，都应该做到这一点。

"我们永远不要出于恐惧而去谈判，也不要对谈判心怀恐惧。"

——约翰·F·肯尼迪（John F. Kennedy），美国总统。

从商业真人秀中学习

请看一看现如今在全球各地层出不穷的商业真人秀电视节目吧。这类节目一般都有着诸如"龙穴（Dragons' Den）[①]"这类吸引眼球的名字。

初出茅庐的创业者们来到这类节目，展示他们的创意并以此来获得与资金雄厚的投资商人之间谈判的机会，争取软性的投资协议。

你猜对了，这就是风险投资；你猜对了，他们就是天使投资人；你又猜对了，这种投资是要付出一定的代价才能换取的。但是，咱们还是来关注一下节目的具体情节吧。

在这类节目中，只有那些真正称得上出色的商业创意才有可能被接受。由此带来的协同效应是积极的，投资人也能够确认他们投资的是一个注定会成功的项目。然而他们在投资之前还是想要看到对方做出更多的行动，因为他们掌握着权力，掌握着威望，掌握着资金。

有的时候，你会看到有一部分创业者勇敢地站出来，直面投资者的挑战，然后获得了相当丰厚的回报。

"手中掌握着最多选项的人，也同样是笑到最后的人。"

——必要多样性法则[②]

有时候你会觉得自己不知道自己的权力在何处，感到自己很弱小。当你处在

[①] 译者注：《龙穴》是一档电视节目，通过让创业者们向商业人士推销自己的点子来吸引创业资本，该节目已在多个国家播出。

[②] 编者注：必要多样性法则，又称"艾什比定律"，是指自然界，只有多样性才能摧毁多样性。换句话说：就是只有复杂度更高的多样性，才能胜任摧毁另一多样性的功能。

这样一个境遇中时，最好的选择就是仔细考量一下当前的局势。你可以找人交谈、请教。你可以听从人们的建议，但是记住不要为这些建议付出过于沉重的代价——在选择建议的来源方面，你一定要小心。你要确保你所询问的人都是真正懂行的专家。

请记住，你去请教的人一定得是有经验的、曾经在这种情况下做过这件事情的人。

注意！

权力可能只是你头脑中的一个视角而已。你需要真实情况来对它进行确认。

权力操控伎俩

在这场权力的游戏中，某些人会努力试图用一些心理上的战术策略，让你觉得自己处于一个非常弱势的地位，尽管你的实际情况可能并没有那么弱势。

这里我要给大家举一个例子。故事中的主人公曾经是我一位客户的合作伙伴。如果你去找这位女士谈生意，她首先会让你在她的办公室外面等上20分钟。在这20分钟里，她会跟她的团队开会讨论你的产品，而此时你就坐在会议室外面。她的握手动作极具侵略性，而且她从不与人闲谈。

我的另外一位客户曾经向英国的大型零售企业推销儿童用品，他经常需要从约克郡出发前往伦敦去见买方客户。然而有这么几次，他大老远跑过去结果却发现买家太忙了根本没时间见他。他们从不事先打电话为取消会议而道歉，也不会在自己的日程表里重新安排时间进行会面，而且他们还会在工作时间以外的时间打电话过来询问关于产品的事情。

在谈判中很多谈判者都希望让对方感到自己处于一个较为弱势的位置。这正是他们的如意算盘所在。尽管上面提到的两个人使用的策略有所不同，但是他们的所作所为显然增加了谈判的难度——他们用来赢得谈判的手段，就是让你付出巨大的代价。

如何才能避免权力操控伎俩呢？

1. 始终将注意力集中在你的目标上——不要让那些肮脏的阴谋诡计影响你的关注点。

2. 做好万全的准备——让自己在谈判场合内的行为处于一个正确的思维框架当中，并为自己准备好其他的备选项。

3. 以彼之道还施彼身——在不表露对抗性意味的前提下，尽可能地去模仿对方的行为。这也就是说，你要去模仿他们的肢体语言，他们的讲话音调，但是要避免说一些对抗性的话语，除非你是在用他们的话来回敬他们（这一点要小心）。请记住，人们更喜欢和自己看起来相似的人。

4. 面对对方提出的问题，要以自信的方式去回答——如果你暂时不能回答他们的问题，那就把问题推回给对方。

5. 不要接受那些不切实际的所谓"最后期限"的压力。

6. 请保持理性——不要出于一时的怒气而做出任何行动，一定要保持冷静。

7. 请确保你还是愿意与他们以及他们公司达成交易的——如果你确实想要达成交易，那么请确保你的交易结果是符合现实的，确保自己的投资能够得到应有的回报。

8. 最后，请跳出固有的思维模式与条条框框去思考，请用创造性的思维去寻找问题的解决方案。想要为困难的局面求得解决之道，需要一点时间和空间来让自己的大脑好好思考。

请画出四条直线将下面九个小圆点连在一起，期间你的笔尖不能离开纸面。本题的答案在本书末尾。

要点回顾:

·改变权力对比的方法有很多。你需要跳出固有的思维模式进行创造性思考。

·多一种选择就多一种权力。请确保自己至少拥有三个备选项。

·必要多样性法则表明拥有最多选项的人会获得最大的胜利。所以信息是至关重要的。

·请警惕权力操控伎俩;这些伎俩的目的就是为了让你感到自己处于弱势。

第二部分

谈判的十一个步骤

第六章 通过事前准备赢过对手

在本章中你将会学到：

· 如何收集到尽可能多的信息。

· 请一定要关注自己的起始位置。

· 用来摸清对方背景信息的技巧。

· 如何在谈判之前精巧地安排自己的备选项以及谈判定位。

· 在会见谈判对手之前，如何判断子级所处的境况。

准备工作的重要性

"我练习得越多，我就会越幸运。"

——盖理·普莱耶（Gary Player）

想要达成一场成功的谈判之局，准备工作是至关重要的因素。你需要在谈判之前花一点儿时间，去收集所有的信息，并考虑自己的可选项——除此之外，别无他法。与此同时，你还需要从谈判对方的视角去思考问题：如果我是他们，会怎样进行这场谈判呢？

有一个坏消息，那就是在谈判的准备工作方面，是没有任何捷径可以走的。为了得到最完美的结局，你必须做出最完善的准备。

准备工作的步骤

首先让我们来看看谈判的准备阶段。

这里为你准备了以下可使用的步骤：

1. 确定自己的目标是什么。换句话，你想要通过这次谈判达到什么样的目标？

2. 确定你和你们的公司能够接受什么样的报价和定位。你们自己的定位又是什么样子的呢？

3. 请确定自己在谈判过程中需要警惕的种种问题。

4. 准备好一个议事日程。

如果你之前已经同对方进行过谈判了，那么请利用以往的经验去推测他们这次可能会以什么样的方式来跟你谈判。请记住，人们的行为方式往往是不变的。

对方的谈判技巧

他们是高开低走型的吗？

他们会不会采取强硬态度？

他们会不会实话实说？

他们是会睁着眼睛说瞎话，还是会稍稍偷换一下概念？

他们是否期望你的第一次报价就是真实报价？

他们是否会使用权力操控伎俩？

他们是如何使用谈判策略的？

他们会不会一点一点地讨价还价？

他们是否有时间问题（谈判时间不充足）？

我们是否有时间问题（谈判时间不充足）？

他们掌握着什么样的可协商变量？

我们掌握着什么样的可协商变量？

他们是否会耍一些谈判策略技巧？

我们是否能够设法让他们的态度软化？

我们有没有做足够的假设分析？

对方的财政定位

他们是否对自己有一个财政定位？

我们是否可以判定他们承担着来自银行的财政压力？

征信机构对他们的评价如何？

他们的资产负债表反映的情况如何？

对方的网络洞察力

他们的网页是什么样子？是近期更新还是实时更新？

他们的博客多久更新一次？

他们的推特（Twitter）简讯是什么样子的？

请查阅他们公司几位关键人物在领英网的主页信息。

他们还会使用哪些社交媒体？

把他们使用的社交媒体——SlideShare、脸书（Facebook）等等——全都查看一遍。

通过这种调查，你能够收集到哪些资料？这些资料将会为你提供一条线索，用以分析对方在商业以及谈判活动中的行事风格。

对方的产品

他们的同行竞品产品做得怎么样？

这些竞品和你客户的产品比起来优劣如何？

他们是否要推出新款产品了？

他们的设备或者生产装置是否看起来有些老旧？

他们的产品／服务记录如何？

对方的价值

他们是否会尝试创造三赢之局？

他们过往的业绩记录是否能够经得起审查？

该公司是否存在伦理道德上的瑕疵？

该公司的产品是否对环境无害？

该公司的环境方针是怎样制定的？

他们公司获得了哪些资格认证？

他们公司是否通过了国际标准认证（ISO）？

他们公司的核心成员是否来自某些专业团体？

我方的谈判策略

我们是否应该通过角色扮演，对谈判进行实时研究？

我们可不可以把谈判录音录像并且回放研究？通过这样的行为，我们可以看清自己阐述思想的过程与方式。

据我们所知，为了收集到关于谈判对方背景的更多信息，我们可以找哪些人去请教？

我们真的把该查的信息都查清楚了吗？

还有哪些文化问题是我们没有考虑到的？

我们是否需要组建一个团队？

这个团队的角色应该是什么样的？

我们的权力体现在哪里？

重要提示！

请牢记冰山原理——通常 90% 的事实都不是显而易见的；它们往往隐藏在表面之下。

定位的重要性

笔者发现，在准备阶段，有一个极为重要但是很少有人想到的问题，那就是：在谈判之前一定要弄清楚自己的定位。

另一方面，弄清楚对方的定位以及背景信息也是非常有帮助的。

例如，在遗产谈判中，通常会存在多个让双方都能够接受的谈判结果。而这些结果可以共同构成一个中间地带区间，在这一区间内每一个点都可能是你们达成一致的结果所在，该区间称作"潜在协议区间（Zopa）①"。而你们双方的定

---

① 译者注：Zopa 是"zone of potential agreement（潜在协议区间）"的缩写。

位在这一区间内出现了重叠。

图6.1 潜在协议区间（Zopa）

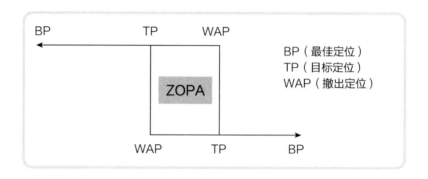

图中顶部的线条代表谈判中的己方定位，而底部的线条代表着你认为或估计对方将会提出的定位。关于各种定位的解释，下一节将更加详细地描述。

正如各位所见，在潜在协议区间里面，还是有一些区域是更有利于己方而稍稍不利于对方的，同样也有一些区域是更利于对方而不利于己方的。正因为如此，在谈判开始之前先设定好自己的可选定位才至关重要。

拥有三个备选项（外加替代项）

永远要有三个备选项。

如果你并未拥有三个备选项，那就创造出三个来。这些可选项可能会是如下情况：

1. 最优定位（BP，Best position）——这是你想要达到的目标，它存在于理想化的世界中。

2. 目标定位（TP，Target position）——这是一个更为柔和的、更为现实的备选定位。

3. 撤出定位（WAP，Walk Away Position）——在这个定位，你将会忍无可忍，退出谈判。

此外，还有一个定位叫作替代定位。所谓替代定位，就是当你选择退出谈判的时候你将会面临的种种情况与后果。这种替代定位在过去被人们称作 BATNA（best alternative to a negotiated agreement），它代表的含义是"谈判协议最佳替代方案"。如果你已经充分理解并已经计算好了退出谈判所产生的时间和金钱成本等后果（撤出定位），那么你在谈判中将会表现得更加自信，更加胸有成竹。

重要提示！

有些时候，你真的不得不抽身离开，退出谈判。

请通过头脑风暴，分析你所拥有的可选项。请跳出思维定式进行创造性思考。

请思考谈判中的另一方可能会拥有什么样的可选项，思考他们的背景条件、他们想要达成的目的以及他们在谈判中可能会使用的手段技巧。请再三考量，知己知彼。

请记住，无论何时，你都可以做出不同的选择。有一个非常不错的想法，就是在谈判的时候把自己所拥有的三个可选定位在一张纸上列出来。请思考你可以如何深挖这些可选项并以此来增加你在谈判中的权力。

所以，接下来第一个需要考虑的就是你的最优定位了。

1. 什么才是你的最优定位（BP）？

这是你能得到的最优定位，也是一个绝好的定位。在这一定位下，你所有的产品成本、研发费用以及一切间接成本都将得到偿付，而且你还会获得非常丰厚的利润差额。

采取这一定位要慎之又慎，因为一旦客户在你和相似产品供应商之间做比较，你的定价就可能会显得过高。不过，一旦你真的在竞价中失利了，你就需要考虑一下定价上的问题了。

举个例子：那些典型的高价产品往往来自诸如苹果、梅塞德斯和阿斯顿这样的大公司。这些公司之所以能够成功定出高价，因为他们的产品往往是定制款，如此的与众不同，或者至少通过品牌或营销手段使人们觉得其产品是与众不同的。

2. 什么是你的目标定位（TP）

这是一个我们乐于接受的定位。在这个定位下我们能赚取很好的收益，同时又能够基于市场行情，使得成本得到偿付。

很多人在谈判的一开始就朝着这个目标努力，可如果你要出售的是一种定制服务（产品）或者高质量、高估值的产品的话，这种行为就是一个错误。

注意！

凡事预则立，不预则废。

3. 什么是你的撤出定位（WAP）

在这个定位下，我们可以选择从谈判桌上抽身离开，去寻找新的合作伙伴了。在很多时候，人们很难明确撤出定位的所在（什么情况下应该退出），因为我们可能没有正确地分派我们的成本：如固定成本、可变成本、边际成本等等。

或许我们还想要给自己争取一点时间，但是请一定要明确表示我们即将退出谈判的意图。

因此，明确"硬退出"和"软退出"，是比较明智的。

在"硬退出"的情况下，你可以说："对不起，这是我们的最终定价了。在任何情况下，我们的价格都不会更高或者更低了。就这样。"你的话语表明，如果对方变卦，那么这次谈判就没有继续的可能了。

在"软退出"的情况下，你可以说："对不起，我们今天不能再给出更低的定价了。"关键词是"今天"，这就给你争取了一点时间，这时候如果离开谈判桌，会去自思自忖，那么我可能就会怀疑我的定价是否合理。这样的做法让你有机会好好核实一下自己的数据运算表，让你有时间好好反思刚才在谈判中发生的事情，也为你争取时间好让别人再看看那些数值。

如果你在离开谈判桌时意识到自己犯错了，或者意识到其实还有一部分冗余成本没有纳入考虑当中的话（如果你需要裁员，那么可能会有一些冗余成本），那么第二天早上你就可以再打电话，额外做出一次成本削减。笔者建议这种成本削减往往最好是有条件的，要为自己换取一些好处才行。例如，你可以这么说"我一整晚都在反思并核算数据。如果你们能够为我们额外提供七天的补助，那么我们就可以把我们的价格降低到……"这次降价的条件就是七天的额外补助。

重要提示！

有时候你不得不咬紧牙关，忍痛抽身离去。

<h2 style="text-align:center">三种不同定价的案例</h2>

让我们假设一个婚庆公司或者赛事组织公司要跟你一起在一座雄伟的古城堡里筹划一场非常特别的婚礼。

1. 你的最优定位（BP）是这样的：预算中包含巨大的利润差额和额外花销。在这些花销项目上，有定价超高的支出项目，比如昂贵的刀叉、餐盘以及饭前开胃小菜等等。那么这些预算总额可能会达到200000英镑。出于掩人耳目的考虑，你可以把价格削减到196000英镑。毕竟你虽然收入减少了4000英镑，但是表面看起来好像削减的差额要比这大得多。

2. 你的目标定位（TP）可能在185000英镑，利润少了点，额外支出项目也会稍微减少。

3. 你的撤出定位（WP）可能是174000英镑，在这个定位下你的利润空间就很小了。这时候由于预算非常少，你可能就要削减一些不必要的开支了。

然而，对于这样一个可变成本很多的合作项目，在任何时候，更合适的做法是通过使用柔和的语言为双方留出余地。例如："在今天的情况下 / 就当下而言 / 就你们所提出的具体要求而言 / 就我们的报价中所提到的具体项目而言，这是我们能做到的最优方案了。"

<h2 style="text-align:center">什么是我们的替代定位（AP）</h2>

如果你的最优定位、目标定位、撤出定位都没能奏效，那么你的最后考虑就应该是替代定位了。如果你选择退出，那么成本和丧失机会成本会是多少？你们还能做些什么？你们那些未被利用的资源怎么办？没有完成这单合同，会给你们造成怎样的损失？

在上面提到的婚礼的案例中，你们有固定成本项，例如工作场地、固定员工、你们可能已经购买的餐具和陶瓷器皿及由此产生的银行利息——无论你是否完成合同项目，这些成本都已经产生了。那么最大的问题就是：当天你能否联系到另外一个婚礼项目，以保证你们的空余时间能够被投资到对另一场婚礼的营销之中？

对没能完成合同项目（替代定位）的成本的分析，能够很好地帮助你重新考虑撤出定位。有时候，虽然坚持完成和约在短期内会让你承受的一定的损失，但是另一方面，你会因此而获得行业内的信誉，从长远来看还是更加值得的。

当你即将失去一项业务的时候，请重新考虑自己的预算数额。

我合作过一个客户，这位客户当时正在重新谈判一个合同项目：为北安普敦的一家工厂加工支票。当时还有另外两家企业也在竞标这个合同项目。

我的客户当时报价收取 4% 的费用，这个报价与当时的市场均价持平。我们得知有一家公司为了竞争而压低报价，所以我们把报价压低到了 3.675%，作为我们的最佳定价（BP）。我们的目标定价（TP）是 3.5%，而我们的最低退出报价（WAP）是 3.25%。

我们的替代定位（AP）当时没有经过深思熟虑——就是把企业关闭，让审计人员全部失业。

我们接到了客户打来的一个电话，说有一个审计方报价是 1.5%。我们震惊了，因为我们知道在那个价位上做这单生意将会赔掉一大笔钱。我们告诉财务经理我们知道事情就是这样，因为他们有同样的机器设备、同样的运营成本、同样的人员成本。

客户告诉我们，我们有三天的时间重新考虑我们的定价，所以我们又重新考虑了一下各项成本。然而，还是不能奏效，于是我们不得不做出撤出的决定。最终这将意味着工厂工人的失业、95000 英镑的冗余成本，还有机器设备的闲置。但是如果我们当时满足了客户的定价要求，我们全年的损失将会超过400000 英镑。

这个故事告诉我们：当你在考虑要不要去接一个报价极低的项目的时候，一定要权衡一下短期和长期的影响。

很多教科书把替代成本称作 BATNA。这一说法最早源于哈佛谈判项目的讨论组（这个项目的任务就是改进冲突解决的理论和实践，方法就是去研究现实世界中的冲突调停，进行理论重建、教育以及训练，当然还有书写并传播新思想）。

如果你没有得到认可，那么在没有特殊协定的情况下，你的最优选择会是什么呢？

重要提示！

对于一个已经议好的协定,其替代项(BATNA)与我们提到的替代定位(AP)是一样的。

我们需要理解这些定位,不只是我们自己的定位,还有谈判中另一方的定位,所谓知己知彼。

公司内部关于某客户问题的谈判可能会花费——有时候也需要花费——与对外谈判同样多的时间。当然,我描述的这种情境是有条件的:由于合同所带来的种种限制,你需要把你的定价降低到正常价格线以下的某个数值,而且相信自己即便在这种低价之下也还是能够赚取有效数额的利润。

那么接下来,你就需要花费一定的时间来说服你的伙伴们了。当然,在谈判桌上你也同样需要理清自己的最优定位、目标定位和撤出定位。

如果你肯定地认为这单生意受到来自同行竞争者的严重威胁,那么最为明智的办法就是先去说服自己公司的高层人物,让他们意识到当前的状况。

没有人喜欢计划之外的变数。如果你没有早一点儿跟你的领导讲明可能出现的风险,给他们时间去调整自己的撤出定位,那么等到事到临头,你再跟他们汇报的时候,肯定会很惨,你肯定不希望自己陷入那样的境地。

重要提示！

在准备好去见谈判的对手之前,你最好先解决内部谈判的问题——理清你的各种定位。

我们怎样才能站在对方的角度做出商业判断

请尽可能多地对市场进行调研。搞清楚你的同行竞争对手们都是怎样定价的,搞清楚他们是怎么销售自己的产品的。他们采用什么样的生产流程?请多读资讯以获得信息,并提出有价值的问题。如果你是通过访问他人的方式沟通,那么请充分利用这样的机会尽可能多地获取信息。请在你的关系网络中,找到那些足够了解内情、值得一问的人去提问。

你还可以去参加当地的社交活动,通过这些活动你可以遇到一些比你更能掌握丰富信息的人。

我们应该好好想一下，对方的最优定位、目标定位、撤出定位和替代定位分别处在什么位置？

重要提示！

请尽可能多地收集信息。信息就是力量之源。你拥有越多的信息，就拥有越多的选项。

你的独家卖点（USP）在哪里

独家卖点（Unique Selling Point）一词，如今已经成了形容某企业产品独特性的术语了。

独特性这个词其实已经有点儿被用烂了。好多时候，那些被列举在独家卖点宣传话语中的一些条目其实并不只是某家企业所独具的。然而，当你在进行谈判的时候，有一个非常重要的原则就是要论证并强调自己真正有谈判影响力的部分，这其中就包括充分利用你在这次交易中可以展现的优势，明确自己的独家卖点或者明确自己将要介绍和展示的业务的鲜明特征。

对于你的产品以及你将要介绍的业务来讲，独家卖点有点儿类似于你的价值定位。换句话说，你要让你的客户明白，使用了你的产品之后能够得到哪些好处。

重要提示！

在竞争极其激烈的市场环境下，独家卖点代表着谈判中你们这一方，以及你的企业团队。它代表着你们的服务质量、产品关注点以及对客户的关怀。

如何在一场谈判中做好角色扮演

如果你能和你的伙伴们事先进行一次谈判角色扮演，然后再去参加谈判，那将会事半功倍。

让一位或者几位伙伴扮演谈判中的己方，另一位或者几位伙伴扮演谈判中的客户角色。

在角色扮演中有一个非常有效的辅助工具，就是在会议室的角落里架设一台摄像机。

通常，当我和我的客户们进行角色扮演的时候，都会出现一些我们事先没有考虑到的问题。这就给我们提供了一个机会，我们可以借此机会好好观察一下自己以及自己的团队在谈判中呈现出什么样的风貌，说出什么样的话语，以及会用什么样的方式向对方阐明自己的主张。在角色扮演结束之后，我们可以通过观看录像，观察肢体语言是如何用来传达思想的，可以观察我们自己是如何处理谈判中的压力情绪的，同时也可以思考我们能用哪些不同的方式去处理压力。

毕竟，相比于事先从未演练就直接进入真实场景，等到决定合同是否签订的紧要关头再去随机应变，倒不如事先在安全的环境下进行演练并打磨自己的谈判表现。

什么是你的可协商变量

所谓可协商变量，指的是谈判中的一些看似微不足道的条件。这些条件对于谈判中的一方来说，价值非常小——但对于谈判中的另一方，其价值就要大得多了。

在有些场合，可协商变量还被冠以如下称呼：

· 廉价的价值让步
· 可交换的议价契机（BOTTs[①]）
· 可协商项目

在谈判中以及商业活动中，每个人都有自己的可协商变量。谈判中的双方可能都觉得自己的可协商变量微不足道没有价值，而认为对方的可协商变量是有价值的。

当你在进行议价的时候，你需要对所有的可协商变量了然于胸。

在谈判之前，先要把所有的可协商变量都弄清楚，牢记于心，这在任何谈判场合中都是成功准备工作的先决条件。

---

① 译者注：BOTTs 是 "bargaining opportunities that are tradable" 的缩写。

可协商变量的案例

1. 不同种类的定价：

支付条款：30 天付清，60 天付清，90 天付清。

发票上的付款日期：

日期延后／日期推迟／日期提前／分期付款

合同的有效时长

2. 建议：

管理时间

实地参观考察

采购建议，员工问题，等等

3. 服务：

额外附加的服务

允许在工作时间之外进行业务咨询——提供个人手机号码（而不是业务专用手机号码）以应付意外情况或巨大商机

保证回复消息的速度

客户经理的真实姓名

专业的发言人

培训顾问

管理顾问

4. 信息：

共享信息资料

在共同利益的基础上强调可以节约的成本项目

5. 个人安排：

热情服务

公司礼品

介绍引见

人脉网络

销售培训一对一培训与监控

创意

私人交往关系

当然还有很多很多像这样的可协商变量，不胜枚举。

在你的谈判准备阶段，请确保己方通过头脑风暴已经想到了所有的可选项目。花费 5 分钟的时间，列举一下自己都有哪些可协商变量。

你的可协商变量

在谈判中还有一个项目叫作相对价值，该项目用来描述人们感知中的价值。我们往往对不同的东西给出不同的价值评判。价值就是一种认知。作为卖家的任务就是要想方设法提升商品的感知价值，而作为买家，其任务就是要千方百计削减感知价值。

相对价值 / 感知价值

让我们来举一个例子，看看一个文件盒在不同的售卖地点，可能会具有哪些感知价值。

在小区商店里，一个文件盒可能价值 20 英镑。

在伦敦一家标价昂贵的、知名的大型商厦里，比如像哈罗德百货商厦（Harrods），那么这个盒子可能就要被卖到 100 英镑。

而在汽车后备厢市场里面，它可能也就值 1 英镑，甚至还可能更少。

都是同样的文件盒，都是同样的使用条件，仅仅是因为市场环境不同了、销售地点不同了，那么商品的感知价格就会出现天壤之别。

那么在你自己的产品以及服务问题上，你如何利用这一原理呢？

你可以通过如下方法达到目的：

· 包装手段
· 产品展示手段
· 你的品牌策略
· 利用第一印象法则

我们需要永远记住一点：价值是一种感知。只要看一看那些诸如苹果公司之

类的大公司是如何对自己的产品进行包装和品牌营销以实现利润最大化的，个中
道理就全清楚了。

重要提示！

请记住以下"6 个 P 原则"

独特性原则（Proper）

事先准备原则（Preparation）

预防性原则（Prevents）

美好呈现原则（Pretty）

匮乏性原则（Poor）

优质性能原则（Performance）

在我们正式开始之前，谈判准备阶段的最后一个部分就是制定一个谈判会议
的安排了。这里为读者提供一些实用的制定安排技巧。

重要提示！

请一定要确保你的安排写得条理清晰、目标明确。

会议日程安排

日程安排在控制谈判场面上起着至关重要的作用。日程安排所拥有的优势是
独一无二的：如果你在谈判之前先摆出安排，就会让你看起来非常专业；与此同
时，他们还能帮助你完成战术上的三个高明动作：

1. 你可以把自己的一些谈判事项事先写在安排上以增加自己的战术优势。

2. 你可以在谈判之前先把日程安排发给对方。

3. 这样就可以知道对方将要派出哪几个人前来参与谈判。

1. 列举谈判事项，增加战略优势

举个例子，我往往会建议大家把谈判背景作为第一个列举的项目。为什么这
么说呢？因为这一项其实并没有什么特殊含义。但是这一项却提供了一个引子，

使得对方借此开口，告诉你一些之前你不知道的信息——他们几乎会自动地向你交代清楚的。而他们告诉你的这些信息，将会在你的决策形成过程中起到相当大的作用，有助于你的报价以及还价。

如果他们什么都不说，那么你们的谈判会议就可以换种方式：先围绕着谈判问题提一些细小的话题，然后逐渐过渡到第二个项目上去。

议事表中的其余几个项目应该是双方都有可能达成共识的项目。为什么呢？因为只有展现一些共识性的东西，才更有可能营造出信任感与继续谈判的动力。而我们都知道，信任与动力，在谈判中都是至关重要的。

至于有争议的问题，或者说那些需要进行艰苦谈判的问题，需要把它们放在整个谈判安排的最后四分之一时段之内。为什么呢？因为如果你们双方已经达成了六七项共识了，那么你们就已经建立起了达成合作的心理态势。这时候你就可以说，我们的谈判已经取得了巨大的进展，现在仅仅剩下两个项目是双方存在意见分歧的。请注意使用积极正向的话语，以便能够继续保持合作心理态势，促进合作的达成。

如果遇到了争议，那么我可能会推荐你这样说："咱们先把这些事项放在一边，先来进入别的事项。等把其他事项讨论完了再回过头来继续讨论。"我的目的，想必读者已经可以清晰地看到了，对不对？在谈判接近尾声的时候，对方可能已经和你达成了八项共识了，只有两个项目是你们之间存在分歧的。这个时候就可以适用"二八法则"（参见第十章）了。

这样一来，就算你们没能达成共识的事项实际上非常重要，就算你们之间其实还存在着巨大的分歧，但是你们双方也都形成了一个印象：我们已经花时间认真讨论了其他几项问题，我们都达成了共识。

相比于有些人在谈判的一开始就遇到分歧，并且在第一个事项上就陷入僵局举步维艰的状况，上文所列的方法简直要好太多了。

不过话说回来，万一你在谈判的第一个问题上就和对方陷入僵局，而且碰巧会议的安排又不受你们所控制，你又该如何处理局面呢？这个时候你可以说："我们能暂时搁置这个问题吗？"每当我说这句话的时候，我往往会配合肢体语言——我的手势让人感觉仿佛我真的把这个问题像一个实物一样拿起来然后从桌面上移开了。

还有一个可以使用的技巧，那就是准备一块白板。我总是会建议人们在谈判场合准备好一块白板，然后把那些突出的问题写在白板上（请注意使用积极向上的语言，不要用"我们出现意见分歧的问题"这种负面字眼），写出来大家就都能一目了然了。当你在搁置问题的时候，也可以让对方很满意地确信，我们待会儿还是要回头讨论这个问题的。

2. 在谈判之前先把安排发给对方

为什么要这么做呢？主要有两个好处：

1. 这样做可以向对方展示你们团队的专业性。

2. 通过这样的行为你可以要求对方把他们想要添加的任何问题发送给你，你也给了他们参与制定安排的机会。

请不要询问对方是否希望更改安排中的事项顺序，但是一旦对方主动提出要更改顺序，那你就要干脆利落，马上同意。这样你就可以表明你对他们的要求是顺从的，随后也会给你自己留下一些时间思考：为什么他们会想到要更改议事顺序？

从更改议事程序这一点上，可能会看出，某些将要讨论到的事项对他们来讲很重要。或者你也可以推断出对方仅仅是想要表达一点：不能让你对会议或者议事日程拥有控制权（有时候，如果你能意识到自己所面对的是一个性格强势、带有大男子主义倾向、具有领导型人格甚至有些自恋自大的谈判对手，那么这未尝不是一件好事）。

当对方告诉你他们想要在议事表上增加哪些事项的时候，你会得到两点好处：

1. 他们所增加的事项可能正是你之前没有考虑到的。毕竟我们需要在谈判之前收集到尽可能多的信息，这样我们才能够应对意料之外的事件。如果我们知道了某一件事情是我们之前没有考虑到的，那么我们就可以有机会重新考虑这件事，并且找到问题的真相所在。

2. 如果他们在谈判会议过程中提出了你之前没有考虑到的问题并对此抱怨——这是很多求胜心强的谈判者经常故意使用的话术——那么，你就可以理所应当地说这件事并不在安排当中，你没有考虑过它，因此你需要将此事暂时搁置，改天再议。这样一来，你就有机会好好弄清楚这个问题，充分研究之后再给出反馈。而在当时的那次会议中，你就可以从谈判桌上轻易规避掉这个问题。

3. 知道对方将要派出哪些人前来参与谈判。

关于安排还有最后也是最重要的一点：弄清楚对方会派谁来参与谈判！

个人安排

作为与会议安排相对应的存在，最后这一部分所阐述的安排更加是针对个人的、隐藏的安排，是一个更偏向政治心理动机的安排。一般情况下总有一些问题，除非我们和谈判对象之间建立了良好的私人关系，否则我们是不太可能会意识到它们的。

个人安排当中可能会包括哪些事项呢？下面是一些例子：

· "我一定要让老板看到我是一个出色的谈判者，我一定要为公司带回谈判胜利的消息。"

· "我马上要离开公司前去谈判了，所以我现在非常需要像你这样的人的帮助，以便我能够顺利开展自己的工作。"

· "在谈判中，我需要让我的同事们都看见，我是一个强硬的、毫不妥协的人，即便实际上我并不是这样的类型。"

· "我讨厌谈判。所以只要你能够让我在某方面取得胜利，那么我愿意在其他所有方面做出退让。"

· "我做什么事情都是直截了当地做，这就是我的处事风格。所以说，如果你能让我得到我需要的东西，我就不会再做更多的要求了。"

· "我很喜欢你，在一些个人问题上——比如找新的工作——我也想多听听你的建议。"

最终，你可能会发现，一旦在谈判中你与对方建立了良好的人际关系，那么在今后的日子里，他就会越来越信任你，他甚至会分享更多关于他个人生活的信息。

对此请不要感到惊讶。这是因为他信任你，所以希望更多地了解你。这也就意味着在后续的谈判中，他不太可能再对你使用强硬的手段了。但与此同时，这也意味着你不应该使用对方提供的信息做出有损对方的事情。

要点回顾：

· 请记住"6个P"原则：独特性原则、事先准备原则、预防性原则、美好呈现原则、匮乏性原则、优质性能原则。

· 请在谈判之前先准备好自己的三个报价定位。

· 请思考对方可能会提供的三个报价定位。

· 你必须要有一个撤出定位。

· 请思考谈判双方都努力想要达成的目标是什么。

· 你需要做什么样的准备工作，才能够在谈判中营造一个三赢之局呢？

重要提示！

有时候，如果发现谈判的结果将会得不偿失，那么你就应该退出谈判了，与其困于争论之中，不如抽身止步，争取时间。

第七章　第一印象决定了 50% 的输赢

在本章中你将会学到：

- ·为什么在谈判中第一印象至关重要。
- ·你的外表和言行举止都很重要。
- ·如何进行准备工作，才能给对方留下出色的第一印象。

营造出色的第一印象

我们对一个人或者是一个公司的第一印象，往往是在极短的时间内形成的，而第一印象一旦形成，我们就很难再改变对他们的看法了。正因如此，管理第一印象，或者第一印象管理在商业活动中——尤其在谈判中——就显得至关重要了。

当你在进行谈判的时候，你是在试图影响对方，使他们回心转意，同意你的思路，并且让他们尽可能地偏离自己原有的定位，贴近到你这边的定位上来。如果对方对你的第一印象不够好，那么你后期就需要做大量的工作才能说服对方转移到你这边来。但是如果你已经营造了一个非常出色的第一印象，那么恭喜你，你的说服工作已经成功了一半了。

为了让谈判的进程朝着我们所希望的方向发展，我们需要确保我们营造了非常出色的第一印象。而为了营造第一印象，我们需要尽我们所能，需要确保所有能做的工作都已经做到位。

第一印象的形成需要多长时间

早在 1974 年，当时的人们普遍相信第一印象的形成需要 4 分钟的时间。然而在当今社会，有一些人会说你的第一印象形成时间只有 4 秒钟，还有一些人会说第一印象在 1 纳秒内就形成了。关于这个问题，人们众说纷纭，但是并没有人真正知道确切的答案。不过以我个人的经验来看，第一印象的形成时间很短——

可能只有大概 3 秒钟的时间。

在这 3 秒钟内，对方其实是在研究你：猜测你是哪种类型的人，猜测你拥有什么样的团队，还要猜测一下他们需要花费多大的努力才能够达到自己的目的，或者达成共识，或只是简单地与你相处。

另外一个至关重要的问题就是，一旦第一印象形成了，那么这个印象就会深深刻进思维当中，很难再有所改变。这也就意味着，在谈判最开始的 3 到 30 秒钟之内，你必须尽自己最大的可能去维护你在前 3 秒钟里建立起来的良好第一印象。几乎可以肯定，这将会影响到对方在谈判中所采取的行为。他们采取什么行为取决于他们对你的感知：敌对、强硬、柔和还是顺从等等。

在这些事情上，有些人的情商是很低的，但是真正专业的谈判者必须要学会如何提高敏感度，去捕捉那些情绪上的信息，并且不断操纵着谈判形势朝着对自己有利的方向发展。

那么，你如何才能够确保自己营造的第一印象是对谈判结果有所帮助的那种呢？

首先，你必须永远牢记，第一印象是至关重要的。这是你的先决心态。请记住，无论如何，第一印象形成的机会只有一次，不会再有第二次。

你的外表和举止都很重要

成功的着装

你可能会觉得这简直是人人皆知的常识，但是你所穿的衣服一定要与你的谈判情境相配合才更好。请牢记你将要见到的谈判对象，他们是什么样的人，他们的公司喜欢什么样的风格，你们双方会面的地点是什么样的。

我在进行谈判的时候往往愿意在着装中加入一条红色领带。但是，如果我发现这样的颜色可能会显得太过于咄咄逼人的话，我就会换一条颜色稍稍暗一些的领带。

重要提示！

最出色的谈判者们都是会成功设计着装的。穿什么样的衣服，取决于你将要去什么样的场合，见什么样的人。

为什么我要建议你做这样的事呢？因为人们都会有求同心理（PLM 心

理^①）。人们面对与自己相似的人，往往是有好感的。当人们感觉对方与自己更为相像的时候，他们往往会更容易被对方所影响。而事实上，如果对方不喜欢你，你是很难去影响他们的。

所以说，当我们在谈判的时候，营造与对方之间的一点共性的东西是会起到巨大的正面作用的。正因如此，当我们在设定第一印象的时候，如果我们能够让对方喜欢上自己，我们在后续的谈判中就能够越有效地朝着理想的结果努力。

重要提示！

当人们喜欢我们的时候，他们就更有可能给我们提供更多的信息，也能够允许我们去问一些比较疑难的问题，并为我们提供更为直接明了的回答。

如果在诸如销售、竞赛、谈判这样的竞争情境下，人人地位平等的话，那么一个人的决定往往更有利于他们最喜欢以及最相信的某个或某些人。

到达谈判会场

有一些非常关键的事项需要大家考虑，无论是从你的视角还是从谈判对方的视角。

请在谈判之前留出充足的时间，不要迟到。这意味着你可以在谈判之前进入一个理想的状态：冷静清醒、沉着、准备充足。走出你的轿车，伸个懒腰，深呼吸 3 次，请提醒自己"我很棒"，可以用过去的成绩来给自己加油打气。

请提前 10 分钟进入接待室，和接待人员或者你见到的任何人交谈，目的是建立亲密感，你还可以在适当的场合说一点点闲聊的内容。

在来宾登记簿上登记的时候，有一个非常有用的行为，就是看看是否有别人比你更早到这里，这样你就可能会看到谈判竞争性的信息，或者也可以发现他们这一方所拥有的顾问专家：法务官、律师、会计等等，这些人提早来这里，可能是为了召开谈判前的准备会议。这样的行为会为你带来更多信息，请记住，信息就是力量。检索信息可以让你知道你将要面临什么样的对手。

---

① 译者注：PLM 是"people like me（求同心理）"的缩写。

重要提示！

在接待室里请一定要保持站立姿势。

经常会有人问我，为什么在接待室里面要保持站立姿势？我会给出三个答案：

1. 你肯定希望在会见他人的时候处在一个最佳的身体和精神状态下。保持直立站姿，调整为蓄势待发的状态，将会让你一直保持在这种思维框架中。

2. 这样做能阻止你去关注其他事情，比如你的电子邮件以及手机上的其他信息。

3. 当人们前来见你的时候，保持直立可以让你与对方第一时间进行平等高度上的眼神交流。

任何一项业务都有自己的重要准则。你的第一印象营造得越好，在后续的谈判中的成效就会越大。因为你一开始的定价会标在一个比较高的位置上，如果有必要的话，你也会有更大的降价空间，也就有了更多的闪转腾挪的余地。

重要提示！

这些提示对你来讲非常有用。如果你足够关注自己以及为公司所营造的第一印象，那么你将有机会保持高定价，并为后续的谈判保留更大的降价空间以备不时之需。

注意！

第一印象的机会只有一次，不可能有第二次了。

座位——你可以坐在哪里

让谈判变得更容易成功的另外一个问题就是你的座席位置。当你走进谈判会议室的时候，你可以一眼看出房间里的座位是如何设置的。

最好不要与你的对手隔着桌子面对面坐着——大眼瞪小眼——这是一种对抗性的座位排布方式，而且你离对手的空间距离越大，这种对抗性就越是凸显。这场谈判会下意识地变成一场强硬的谈判，甚至很可能会被设定成一场你死我活的斗争。

最好的办法是试图与对手围坐在一个圆桌周围（但是大多数会议室里面的桌

子都是矩形的），或者在会议桌的末端，与你的对手成九十度角而坐。这样就使得你们双方更容易建立起亲密感。这会让人看起来感觉更像是你们双方在同心协力试图营造一个双赢之局。

所以说，如果你是第一个来到会议室里的人，这就是我要建议你做的：你要把自己的文件放在会议桌的末端，但是不要先坐下。等到其他的人都来齐了，到那时，如果对手们坐得离你很近，正好在合适的座位上，那么恭喜你。如果他们的座位并不如愿，那么你还可以拿起你的文件，主动挪到另一个合适的座位上去。如果这是在你的办公室里，你就可以邀请他们做到某一个特定的座位上去。

只要你所秉持的策略是三赢之局策略，那么你就可以开一些小玩笑，例如"我们都是在齐心协力去创造一个三赢之局，不是吗？所以我们是不是应该坐在一起呢？"。面对这样的要求，对方是很难拒绝的，除非他们真的是非常好斗，而且他们的目标也不是什么三赢之局。

选定座位而不直接坐下的原因

一旦你在自己选定的座位上坐下了，那么你就很难再挪动地方了。如果你已经事先坐下了，那么你的姿态就要比后来进入这个房间的其他人低。如果你保持站立姿势，那么你可以让自己的身体保持在一个自信的姿势，这也就意味着你会感觉更加自信。站姿配合着一些得体的自信的手势，可以向大脑输送荷尔蒙和多巴胺，让它们反过来提升你的自信心。

这也就是不要在接待室里先坐下的另一个原因。你还可以利用早到的这段时间练习一下体现自信心的肢体语言。

亲密感

关于亲密感，我们在第十一章会有较多的讨论。不过总体的思想就是，你可以利用会谈的前几分钟来讨论一些看似无关紧要的细小话题，为的是在正式开始业务谈判之前先建立起一定的亲密感。这样的做法有助于营造一个相对和谐的氛围，并且让参与谈判的每一个人都能感到自在。

我曾经听到哈佛大学的研究者们说，任何会谈的前 10 分钟都是至关重要的，它可以影响到谈判的展开方式。这一点儿也不令人奇怪。

哈佛谈判研究项目自从 20 世纪 80 年代后期建立以来就一直致力于解决全球范围内的重大疑难问题。其中有一些问题是存在于冲突地区的，例如西亚、北非地区。

他们曾经对一些谈判场仅进行了观摩，在这些谈判中，双方出于对方的民族文化以及处事方式表示尊重，并不会花费时间去聊一些无关紧要的小话题以建立人际关系。

而研究者们通过对这样的谈判进行观察得出的结论是：

- 对某些民族来说，时间是非常重要的。
- 把细节的事情做好是至关重要的。
- 为谈判双方提供饮食，这是非常重要的一点。
- 不同的文化习俗有时候可以促成良好的局面，但有时候也可能把局面搞糟。
- 站在对方的角度设身处地去思考问题，这一点尤为重要。

重要提示！

印象就像速干混凝土一样，一旦定型了，就很难再发生改变。

你在那些不经意的瞬间应该注意哪些呢

我曾经访问过伦敦的一家猎头公司，那里的一位董事告诉我说，她对一位求职者的第一印象的形成只在一瞬间。

为了确保那些求职者们不是做好充分的准备和掩饰才来面试的，她通常会在电梯里与求职者们见面，这样的话她就可以出其不意，并且通常来讲她会观察申请者们的如下方面：

眼神——体现精神与态度
微笑——体现真诚和积极性
握手——体现肢体接触和感觉
鞋子——体现整洁度

所有的这一切，只是在一刹那间完成的。通过这一瞬间，她已经洞察到了这个人的内心。毕竟在随后的流程中她还要与这些人进行谈判，并且如果她选定其中一部分人作为自己的客户的话，她还要替他们进行进一步的谈判协商。所以她需要立刻就判断出这个人是否具有好的发展前景。立刻，马上。

重要提示！

对刑事审判案例的调查显示，法庭陪审团对被告人的决定都是在最初的 10 分钟之内做出的，而这一决定在随后就很难改变了。

——出自《经济学人》杂志

我们可以从握手动作中得到哪些信息

多年以来我一直有意识地观察人们的握手动作。我之所以会对这件事感兴趣是因为我注意到，那些在谈判中表现出很强侵略性或者持"领袖式的居高临下"态度的人，似乎在握手的时候往往都试图把他们的手放在我的手上面，他们这样做的原因令我好奇。也有的时候他们一开始是以正常的姿势跟我握手，但是最后就把我的手扭到下面去了。

从不计其数的谈判中，我得出结论，这类人往往都是控制型人格，他们都坚定地想要求胜。

所以，每当面对这种情况的时候，我都会注意到对方的举止，记在心里。当谈判进行到最后议价的关头或者需要让我做出退步的关头时，我往往都会先确保自己有足够的闪转腾挪的空间，然后索性让他们赢一回。这样做就意味着，有时候我甚至不得不在一开始故意提高定价，为的是让这种人觉得他们取得了更大的胜利。

类似地，如果一个人在握手的时候会捏你的手，那么这也可以为你传达一个信息——往往表明这个人可能比正常人的情商要更低些。一个高质量的握手动作通常是正直坦诚的，你的大拇指要坚定地竖起来，然后在握手的时候要和对方保持差不多相当的力度。

一般来说，女性握手的力度要更小，大约比男性的握手力度小30%——正因如此，如果你是一位男性，当你和女性握手的时候，你就应该调整你握手的力度以适应对方。

然而请记住一点，这里面我所提到的很多事情，大多数人在大多数情况下都是不能够清楚意识到的。他们几乎也不能辨别自己将要与之谈判的人是什么样的类型和风格。

当我和我的妻子在社交场合见到陌生人的时候，每当我妻子需要与男人握手时，她都会把戒指从右手手指上摘下来。为什么要这样做呢？就是因为有时候男人握手的力量实在是太大了，她感觉自己的手指都快要被戒指硌断了。

你可以做些什么

你可以请别人对自己的握手动作进行打分，分数从一到十不等，问问他们都注意到了哪些事项。一个善于影响对方的人，在握手的时候往往会更喜欢动作轻柔、手势微微张开的方式，以此来观察对方在握手中会有哪些动作、用哪些方式。

注意！

在每次开始进行谈判之前，你都应该检查如下的清单。

仪表仪态

我需要什么样的着装以彰显专业性？

我的装饰是否得当？

我的穿着是否体面？

我能否确保我在会议上呈现出一种适当得体的精神风貌？

参加会议

我是否得到了准确地址？

我应该在几点钟到场？

我是否知道到场的将会是哪些人？

议事日程表是否已经事先准备好了？

议事日程表上面都安排了哪些事项？

事先发送安排，可以抢占先机。我是否需要询问对方有无任何事项需要添加到安排当中？

我是否已经万事俱备？

相关的文档我是否已经打印好了？

应该准备的附件、笔、笔记本、公文包等等物品，我是否已经准备好了？

要点回顾

请注意得体的穿着，一定要符合谈判会场环境要求。

请把自己放在一个积极向上的思维框架（思维状态）中，以便营造一个双赢之局。

请设定自己的目标。

请在进入会场之前就做好给对方留下出色的第一印象的准备。

当你在接待室等候时，请一定要保持站立姿势，这样你才能保持足够警戒的灵敏状态。

时刻保持微笑，握手动作要坚定。

使用适当的聊天来建立亲密感。

请不要与谈判对手面对面就座，最好并排而坐，避免正对面，这样更有益于促进合作。

第八章　用提问掌握主动权

在本章中你将会学到：
_____

- ·为什么在谈判中提出适当的问题如此重要。
- ·真正出色的提问需要什么样的措辞。
- ·你可以提出哪些类型的问题。
- ·为什么保持一颗好奇心是件好事。
- ·如何做到持续深挖问题。
- ·在提出问题之后接下来需要做什么。

为什么在谈判中提出适当的问题如此重要

在谈判进程中，提问是至关重要的一项活动。每个人对他们正在讨论的问题都有着不同的看法，如果再考虑到我们每个人都有不同的立场以及想要达到的目标，那么差异就更加明显了。

正因如此，在谈判场合如果能够提出正确的甚至极其出色的问题，你将有机会从他们的答案中尽可能多地去发掘对方的各种定位、视角以及考量。

所以说这是一种最基本的能力：提出高质量的问题，然后调用一切感知能力去准确倾听对方的回答。

想要提出高品质的问题，需要做好仔细的准备工作。通常来讲，如果没有经过充分的准备，那么想要在谈判现场的压力下把一个相当难以回答的问题以一种相对温和、没有攻击性的方式提出来，是非常困难的。高品质的提问能够为你找出你想要听到的回答，这样你才能判断出哪些是事实真相，在获得这些真相的基础上，你才能够决定下一步采取什么行动，以及最终做出什么决定。

这些精心设计的问题能够得到什么样的回答？对这些答案的观察意味着你需要悉心地倾听，要观察对方说话时相应伴随的肢体动作，还要注意到对方可能没有说的那些内容。

在谈判中，提出高质量的问题，对于得到正确的答案以及做出进一步的明智决策，是至关重要的。

然而，很多谈判者提出的问题都很糟糕，因此也只能得到糟糕的回答。

重要提示！

你提出的问题质量高低，决定了你得到的回答的质量。

本章将会向你展示如何提出真正高质量的问题，以及如何去分析你所听到的回答的含义。

提问能让你接触到真正重要的东西。在谈判中，人们为了达到自己的种种目的，往往不会对你实话实说。他们可能会撒谎，他们也可能会隐藏一些信息，他们还可能会故意遗漏一些真正重要的信息。

为了做出正确的决定，做出那些将会使我们更加接近目标的决定，我们必须掌握全面的信息才行。如果我们只掌握一般的真实信息，那么我们所做出的决定就只能是糟糕的决定。在做出决定之前，我们需要尽最大可能接近百分之百的真相。当然，无论是在做决定之前，还是变更我们的最优定位、目标定位、撤出定位或可选定位之前，我们都要掌握全部的信息才行。

在很多时候，你可以从新闻上了解到有些人在有些事情上做出了糟糕的决定，很明显，因为他们没有提出真正有效的重要问题。

当劳埃德银行（Lloyds TSB）收购哈利法克斯苏格兰银行（HBOS）的时候，双方的总裁们是在 12 个小时之内做出他们的决定的。在这么短的时间里，他们怎么可能来得及去提出一些正确的问题、得到适当的答案并对他们进行核实查证呢？很多时候，在谈判当中，一方会故意对另一方施加压力，目的就是为了让他们因为紧张而省去一些本应做的调查工作。

在我过去从事金融服务行业的 33 年的经历中，可以得出结论：要想做出正确的决策，就绝对不能因为任何原因而省略应有的调查步骤。

至于当时这桩案例中为什么会出现如此仓促的局面，至今仍是个谜。

有些人对于提问是心怀畏惧的，他们怕提问会让对方感到难堪，害怕提问会让自己难堪，再或者他们只是单纯地害怕他们可能会得到的回答。然而在商界，如果一个人不会提出正确的问题，那么他们的交易成果可能就会因此而变得糟糕，这是咎由自取。

当然，一家公司规模越大，那么在谈判中不进行正确提问的代价也就越大。

公司的经理们经营公司的目的是为了扩大投资人的利益，这些投资人把他们的钱投到公司里来为的就是获取回报的。所以经理干的是责任非常重的差事，这个差事承担了非常多的职责：他们需要提出正确的提问，然后得到正确的回答或者尽量接近事实真相的回答，并以此做出正确的决定。

作为一名谈判者，你必须学会如何用巧妙的方式提出正确的问题。

重要提示！

那些比较难回答的问题，应该以一种相对柔和的说话方式提出来；而那些相对较容易回答的问题，提问的语气不妨强硬些。

最近我参加伦敦电台在线英语广播（BBC Radio London）的节目录制，主持人批评我过于和颜悦色，这不是一个优秀的谈判者该有的样子。我解释说：最强有利的问题应该是以柔和的方式问出来的。当时的主持人似乎还不明白这个道理，他当时坚持认为，如果你想要成为一个优秀的谈判者，那就必须表现得强硬一些。但事实并非如此，你大可以提出高质量的问题，并且加以试探。

如果你不善于提问，那么你将一无所获

很多人从小就被父母教育要学会提问、学会礼貌地提问。其实同样的道理在商业谈判场合提问的时候也同样适用。要知道提问并不是拷问，你不需要像我们平时在电视上看的那些法庭剧中那样咄咄逼人。所有的问题，无论它们多么尖锐、难以回答，其实都可以用悦耳的方式问出来。

不要先入为主——真相是问出来的

根据人的本性，我们往往会站在自己的角度对别人进行猜测。这种行为有时候是非常错误的，正因如此，通过先入为主的方式获得的信息也是大错特错的。从我的经验来看，水平一般的谈判者们在提问之前，心里往往都已经有了先入为主的假定答案，所以他们往往就不会把问题直接向对方提出了。可是就算你真的对某一问题的答案了如指掌了，有时候亲耳听到答案从对方口中说出来也是一件有好处的事。

想要提醒自己不要先入为主地做出假定吗？这里有一个非常好用的办法可以帮你做到这一点。"假定（assume）"一词的前三个字母是"蠢货（ass）"。

接下来请写下"假定（assume）"一词——它由"蠢货（ass）""你（u）""我（me）"三部分组成——这样的词语拆分会时不时地提醒你：如果你先入为主去假定，那么作为谈判双方的"你"和"我"之间就会出现一个"蠢货"！

重要提示！

如果关于对方的背景资料，你有什么存疑的地方，请尽管提问就好。千万不要先入为主去假定什么。

众所周知，在任何的谈判场合中，信息就是力量。为了牢记提问（ASK）的重要性，你可以采取下面的口诀：

A——永远（always）

S——寻找（seeking）

K——信息（knowledge）

如何组织语言，提出一个优秀的问题

那么，既然现在你已经意识到提问的重要性了，那就让我们再来好好讨论一下提出什么样的问题才是好的。组织语言提出一个好问题，这是人人都可以掌握的一项技能，但是掌握它需要一定的准备工作、思考和实践练习。当我对一些谈判情境进行反思的时候，我常常随身携带一个笔记本，用来记录我想到的问题。

首先问问你自己：

我想要达到什么样的目标？

我的这些问题最好是以什么样的顺序提出来？

这些问题是否足够优秀、高质量？它们是否能够帮助我达成目的？

这些问题是否有助于我摸清对方的底细？

组织提问语言——行动指南

1. 明确目标——弄清楚自己想要从这个问题的回答中得到哪些信息。

2. 提问简洁，切中要害——请尽量简明扼要地组织语言。

3. 一次只问一个问题——如果你一次性问出好几个问题，回答者会忘掉其中一部分，或者感到困惑，更糟糕的是，他们还会避重就轻地回答。

你可以提出的几种问题

限制性提问

所谓限制性提问，指的是那些用"是"或"否"来回答的问题。使用这一类问题要小心谨慎。这一类提问的风险在于，它让回答者可以规避真正重要的问题，因为他们没有义务对答案做进一步的解释。

优秀的限制性提问范例：

· 那么，在我们开始签订合同之前，您是否还有什么需要了解的事情？

· 如果您对比这更低的报价均不能接受，能否直截了当地陈述？

· 我们是否可以草拟合同了？

· 我们是否应该把我们已经达成共识的项目以草稿形式写下来，先拍照保存并签字确认，然后再让律师起草全部的合同文书？

劣质的限制性提问范例：

· 我们的报价是不是太高了？

· 你是不是很忙？

· 您是否今晚就要求给出答案？

· 您能够提供一个更优的报价吗？

开放性提问

如果你想得到一个更长的、信息量更大的回答，那么你需要提出高质量的开放性提问，这会帮助你更好地了解对方的背景资料信息。

优质的开放性提问只需要问一个问题，就可以让对方深思熟虑，并且在自己觉得考虑好了之后再作答。一般情况下，开放性提问都有一个普遍规则：这些问题都是以"什么（what）""为什么（why）""哪里（where）""什么时候（when）""谁（who）""怎样"或者"请为我介绍……"等字眼开头的。

以上常用字眼，也被称作5WH[①]。

优质开放性提问范例：

· 您的预算是多少钱？
· 这个问题我们可以怎样解决？
· 您愿意为此支付多少钱？
· 您的期望与我们的报价距离是多大呢？

如果想要获得更多信息，可以再追加开放性提问，你可以使用下面这些例子：

· 您能否进一步介绍一下……
· 您能否对刚才所说的内容做进一步拓展吗？
· 请问您想要达成的目标是什么呢？
· 为什么您会觉得这一点很重要呢？
· 我们如何能够解决这一问题？
· 对您来说，哪些问题是没有商量余地的？
· 还有，如果对方说完了，你可以问："还有别的需要说明吗？"要带有一种询问的语气去说。

那么，既然现在我们已经弄懂了限制性提问和开放性提问，接下来就要考虑什么时候使用这些提问了。这里为你列举了一些一般性的使用规则：

限制性提问：

· 当你不能得到直截了当的回答，因此想要确定当前状况的时候。

———————————

① 译者注：5WH：上文提到的 what why where when who 五个英文单词都是以 WH 字母开头的。

- 当你想要确认自己没有误解对方意思的时候。
- 当谈判接近尾声，你们将要签署合同或者要签署协议书的时候。

开放性提问：

- 在谈判的开始，你想要了解对方信息的时候。
- 当你需要让对方对某件事情做一般性阐述的时候。
- 当你对某件事实并不确认，希望听到对方更详尽的描述的时候。

接下来，让我们对开放性提问的"5WH"："什么（what）""为什么（why）""哪里（where）""什么时候（when）""谁（who）"做进一步的讨论。

关于"为什么（why）"的问题

我们为什么要问对方关于"为什么"的问题？

关于"为什么"的问题一定要问得非常明确以及具有特定性。这种问题是为了了解为什么某人会采取某种行为方式的原因。

关于"为什么（why）"的问题一定要经过更加仔细的选择，因为有的时候被提问者可能会将这一类问题看作是具有对抗性的问题或者甚至看作一种人身攻击。除此之外，这类问题往往会引起人们关于过往的不愉快的回忆——这种回忆往往来自我们童年那些被父母或者老师质问的经历。所以这就会把谈判双方置于一种负面的、低效能的状态当中，这也就让你的合作伙伴不那么积极主动，不愿意与你开诚布公地交流。

所以，提问这种问题往往需要我们仔细思考，推敲打磨斟字酌句，好让这些问题变得更加柔和，听起来不那么生硬与直白。

生硬的提问范例：

你为什么不同意这个报价？

你为什么以那种方式跟她讨论她的薪资问题？

你为什么要做那单生意？你那么做的目的究竟何在呢？

你为什么在合同的关键点上做出那样的决定？

你为什么愿意支付那样的一个报价？

柔和的提问范例：

您在同意这个报价的时候是出于什么样的考虑呢？

您觉得如果以那样的方式同她交流，会达到什么样的目的呢？

您做那单生意的目标是什么呢？

请问您在合同的那个关键点上做出妥协的决定，目的是什么呢？

您觉得支付那样一个报价的合理性在哪里呢？

当我们被问问题的时候，我们往往会觉得"你为什么要质问我呢？"。这时候如果我们不能够小心行事的话，就会落入防守的、消极的怪圈当中。所以说，提问一些关于"为什么"的问题是好的，但是措辞一定要小心谨慎，这样才不会刺激到对方，使其望而却步。

我有一个朋友叫巴里，他曾经为了成为撒马利坦会（Samaritans）的顾问而接受训练，在训练过程中，有人告诉他永远不要对拨打热线服务电话的人提出关于"为什么"的问题，因为这样的问题可能会成为引爆客户的导火索。举个例子吧，假如你问："你为什么会感到这么沮丧？"这样的提问可能会加重他们的负面情绪，并且让它们在对方头脑中不断积累。

关于"为什么"的问题可以用一些更为柔和的措辞进行重新表述，比如说："请向我介绍一下这件事吧。"

为什么好奇心是有好处的

想要摆脱困境，有一个办法就是使用"好奇"这一字眼。好奇是非常有用的，那是一个毫无威胁的词。好奇是人的天性之一——只要看看小孩子们是多么好奇，就能够理解这一点了。

我很好奇您为什么会同意那样的报价。

我很好奇您是如何做出这个决定的。

我很好奇您是如何最后选定那一款机器的。

……

一定要小心谨慎地拿捏自己的问话。通过拿捏问话，你可以掌控谈判安排，掌控谈判进展，最终掌控谈判结果。

关于"什么时候"的提问范例：

- 请问您认为什么时候可以继续进行？
- 请问您什么时候会把这件事交给委员会讨论？
- 请问您什么时候会有时间考虑一下这份报价？
- 请问什么时候能够让董事会同意此次的谈判要点？

关于"谁"的提问范例：

- 请问这份合同的决定者是谁呢？
- 请问我需要征得谁的同意？在目前的情况下我能否帮上您的忙？
- 请问提出这份提议的人会是谁呢？
- 请问签字付款的人是谁呢？

关于"哪里"的提问范例：

- 请问最终的协议书会在哪里签署？
- 请问我们的谈判在哪里进行？
- 请问对他们所提出的突出要点，我们应该从哪里寻找答案？
- 请问我们需要从哪里寻找到我们所需要的信息，以便进一步开展工作？

以"是"为标签的提问

一个以"是"为标签的提问，往往会表现为一种陈述，这种陈述的目的在于博得对方的同意（这往往是很有可能的），或者让对方直接表达他们的意见分歧。

以"是"为标签的提问其目的是为了鼓励对方同意你，并拉近彼此的距离。

当你提出以"是"为标签的提问时，很明显，你是在希望对方回答"是"这一答案的，尽管对方也并不一定会回答"是"，但是更多的情况下，他们的内心已经对此给出了肯定回答，甚至可能还会点头表现出来。

如果你要做出以"是"为标签的提问，那么一定要确保大多数人在这种情境下都会给出肯定答案。肯定的答案往往会为谈判营造一个积极乐观的氛围。

以"是"为标签的提问的范例：

- 今天真是非常棒的一天，对不对？

· 我们已经取得了相当大的进展，不是吗？

· 现在我们只有三个问题需要统一意见了，是不是？

· 我们很快就可以举杯庆祝这次谈判的成功了，不是吗？

· 我们的合作真是非常的棒，不是吗？

· 我们今天都非常期望达成合作共赢的局面，不是吗？

· 迄今我们已经取得了相当大的进步，不是吗？

· 如果我们暂时休会，到明早再重新进行讨论，相信那时候会达成一致的，对不对？

以 "否" 为标签的提问

一个以 "否" 为标签的提问往往被用来确认在双方进入讨论的下一个阶段之前，或者谈判告一段落之前，对方是否还有需要回答的问题。

以 "否" 为标签的提问的范例：

· 在我们继续下一步讨论之前，请问您还有没有其他需要了解的事项？

· 在我们最终敲定协议之前，请问是否还有哪些调查是我们需要完成的？

· 在我们明天会见客户之前，是否需要对我们的问题结构进行进一步的准备工作？

· 在我们继续进入下一讨论环节之前，请问您就这项合作是否还有哪些信息需要了解的？

· 请问在明天之前，我们是否还有哪些工作需要进一步去做的？

· 在我们签署合同之前，请问我们是否需要了解更多信息？

尽管这类问题听起来可能具有消极色彩，但是以 "否" 为标签的提问在推动谈判从一个阶段进入到另一个阶段还是能发挥巨大的功效的。不要把谈判看作是一整个大工程，要把谈判的过程进行分解，使之成为一个个细小的阶段，然后在每一阶段结束之后都要确认对方对该阶段持满意态度，这样可以让谈判双方都感觉谈判取得了巨大的进步。

如何"打破砂锅问到底"

如果你的提问得到的是模棱两可的回答，或者对方的肢体语言看起来并不自然，那么你就应该提出更多的探索性问题。这时候你需要积极开放、开诚布公地说：

- ·您看起来好像并不确定。
- ·您好像对刚才的回答并不十分满意。
- ·您真的确定吗？
- ·似乎刚才的回答并不是答案的全部。
- ·您确定对这个问题的回答充分了吗？

几年前，我曾为一家大型的跨国银行做风险管理工作。我们当时对数以百万计的养老金资产的去向颇为关心。当时我的一位同事彼得受到委派要去采访一位具有超凡魅力的领袖人物，这位人物以富有进取性的资产管理才能与盛气凌人的天性著称。

彼得面对面会见了这位大人物，并向他询问关于该公司的养老基金是否存在一些问题。彼得的提问非常直截了当：基金当中是不是有一些部分发生了流失——这就是一个限制性提问，这样的提问要求回答者只能说"是"或"否"。

结果这位魅力领袖以一种不容置疑、坚定不移且有控制力的语气回答道："那可是违法的，彼得，不是吗？"（请注意这个问句的威力所在，这是一个典型的以"是"为标签的提问。）

我的同事跟我说，他当时就被这个回答给镇住了。于是他表示同意，说那确实是违法行为，然后就没有再继续跟进提问。当他离开的时候，心中怀着一种不舒服的直觉：他觉得自己并没有成功解决问题。

直到如今，彼得对当时的谈判都颇为后悔，后悔当时没有继续追问下去，因为就在那次谈判过去几天之后的时间里，公司就查明有数以百万计的养老金资产不翼而飞了。

这个故事告诉我们，一个平庸的提问者，往往会对自己所提问题的答案进行假定，这些假定有时候是对的——但有时候却大错特错。

重要提示！

如果你提出了高质量的问题，你就更有可能发现事实的真相。

注意!

· 如果你不开口问，那你就将一无所获。

· 如果你不开口问，你就不会给对方一个答应你、同意你、给你肯定答案的机会。

· 如果你不开口问，那么你得不到肯定的答案，你的答案永远都是否定的。

如果你已经提出了问题，接下来要怎么做

一旦你提出了问题，那么下面最重要的事情就是等待对方的回答了。在很多时候，你可能会立刻得到对方的答复，但是，如果你所提出的是一个暗藏玄机的问题，那么对方就不会显得那么积极主动。在这种情况下，你只需要保持沉默，什么也别再说了，静静等着对方给出答案就好了。请一定要有耐心！

人们在提出一个高质量的问题之后，往往会犯的一个错误就是不能够守住自己的沉默姿态。他们往往会根据这一中心问题，再提出相关的一些辅助问题，或者说一些陈述句去进一步解释先前的问题，这种画蛇添足的行为只会让你的高质量问题贬值。这种行为往往意味着对方可以忘掉你先前的提问，或者更糟糕的是，直接忽略你先前的提问，避实就虚。

人们之所以会出现这种解释行为，往往是出于本能——当一个人在受到讯问的时候，往往会感到一种天然的尴尬情绪。但是请你一定不要犯这样的错误。毕竟你现在已经通过良好的提问掌控了局面，是时候成为主导局势的谈判者了。

在提问之后，一定要留出沉默的时间，这很重要，因为如果你不这样做，你就会被迫不停地说话，喋喋不休只会让你先前的提问失去效力。

当然很多人会不习惯这种沉默，他们会觉得很尴尬，于是就会不自觉地想要说点什么来为先前的问题做些补充，比如："（我们这样提问）是因为这个问题将会对我们日后的谈判进程产生影响；我们谈判的进行方式可以在今后合作过程中做出进一步的改进。"这就是常见的说辞。

但是，请一定要在第一次提问之后保持沉默。

练习

请尝试和一个你不太熟识的人相对而坐 30 秒钟，感受一下这种情景是多么尴尬。这一练习活动将会为学会坚守沉默带来很大的帮助。

尽管默然而坐可能会让人感觉到非常尴尬，但是这在谈判场合中还是非常有用的，因为这可以促使谈判的另一方不自觉地多说话。如果他们能够多说，那么你就有机会从他们的话当中获取更多有用的信息了。

一个好的提问往往会诱使对方做出长而详尽的解释。如果对方的回答非常简练概括，那么你需要给出鼓励性地点头、"嗯"等回应，还可以提出一些支持鼓励性质的小问题，比如说"还有呢"，这样就可以让对方继续说下去。

如果我们能够调动自己的耳朵和眼睛一起去"听"对方的回答，那么我们就能够得到更优质的信息用来做出我们的判断。

在很多时候，我们如果想让谈话继续下去，只需要点头，或者做出一些简单的回应，比如"是的""我理解""请继续"，甚至只是简单的表示支持的"嗯！"——这些回应被称作提示语，它们的目的就是为了让谈话继续进行下去。这些话语往往可以伴随着积极的、支持性的肢体语言。

当你提问了一个非常棒的问题之后，应该做什么

当你发现自己的提问促使对方在回答之前必须深思熟虑的时候，你就知道，自己问了一个非常了不起的问题。从对方的延迟回答以及 "不确定性"的肢体语言中，你可以判断出对方现在正在深思熟虑。

这时候你只需要保持安静。不管这个沉默的局面会持续多久，你只管沉住气就是了。想要做到这一点，可以使用下面这个办法：在你的脑海中，想象一个大大的问号。当你提出问题之后，这个问号就在你的脑海中形成了，现在你看着脑海中的这个问号，什么也不要说。这样你就成功守住了安静的姿态。

在很多年前，我曾经在一所商学院的图书馆里读过一本书，书中记载了朝鲜战争中的一次谈判，在这次谈判中双方一度陷入长达 4 个半小时之久的沉默。

我曾经在亨利商学院做访问讲师，当时我在高级主管策略项目中任教，我的学生中有一位企业委派代表，他告诉我说他曾经参加过一次工会谈判，在那次谈判中双方问了一些问题，但是彼此都没有给出回答，这样的沉默局面竟然一直持续了九个半小时之久。我当时表示我从没有听说过一次沉默局面竟然可以持续那么长时间，这位学员还一再向我确认他没有记错。

最终那次僵局的打破是因为终于有一方提出了暂时休会、延迟一周的建议，于是双方才结束了干瞪眼的尴尬局面。"谁先开口谁就输了"——谈判陷入长时

间沉默的僵局的时候，谈判双方往往会出现这种非常具有大男子主义的思想，双方往往都会把保持沉默当成是一种强硬的表现，但实际上这种思维存在一个严重的问题，这种思维背后的逻辑是"我赢，你输"。可这对于我们本书中所追求的合作共赢的谈判之局来讲，显然是背道而驰的。

回过头来再看这种长时间沉默的僵局，其实那是浪费时间的做法，对双方都没有好处。

当你觉得自己被敷衍了的时候要怎么做

这时候你需要打破砂锅问到底。我这么说的意思就是让你重复一下对方刚才所说的话。举个例子，"那么，刚才您说的是……吗？"说这话的时候脸上可以带着类似于疑惑地皱眉的表情——"您能说得更详细点吗？"

你还可以使用另外一个办法，就是用"科伦坡惯例"（参见第十三章）。这也是在电视剧中常见的谈判策略技巧。比如你可以这样说："不好意思，我觉得我今天反应有点儿迟钝，我刚才没有跟上您所说的内容。能麻烦您帮我回顾一下吗？"如果对方还是只把刚才的话重复一遍了事，这时候你就进一步深挖，说一些例如"我还是没有听懂"之类的话语。

要点回顾：
___

在提问之前一定要精心准备、合理措辞。

限制性提问可以得到是或否两种回答——这对于明确当前的谈判局势很有效。

开放性提问具有非常大的用处，你可以用"什么"或"怎样"等特殊疑问词引领问句。

如果对方所说的答案并不能让你满意，你可以换种方式把这个问题再问一遍——用柔和的方式——然后仔细地去听、去观察、去感知对方给出的答案信息。

第九章　倾听的人比争辩的人更强势

在本章中你将会学到：

· 为什么倾听是如此的重要。

· 如何在倾听中做到集中注意力。

· 如果倾听的时候不小心分神了该怎么办。

· 如果在谈判中对方注意力不集中了该怎么办。

· 倾听的时候要注意捕捉哪些关键的词句。

· 如何解读对方说话的方式。

为什么倾听是如此的重要

作为一个谈判者，你首先需要成为一个好的倾听者。事实上，我的意思是你需要成为一个真正优秀、水平一流的倾听者才行。

你需要彻彻底底了解到对方的基本信息：他们想要达成什么目的，他们想要避免什么，他们的议事日程，他们的隐藏日程安排以及一切你能够知道的并且需要知道的东西。

如果你真正下定决心想成为一个认真的谈判者，那么你首先必须成为一个认真的倾听者。

如果你成了一个真正优秀的倾听者，那么你也就能成为一个更优秀的谈判者了，因为这时候你手中已经掌握了更多的信息、事实以及观点可供你利用，这样你就可以在更多信息的基础上做出更加明智的谈判决定了。

实际上倾听是最难以做到尽善尽美的事情之一了。这种倾听往往需要调用你的全部感官，从而得到一个真实的事件全貌。我们这里所讨论的倾听，指的是倾听对方嘴上所说的、解读对方话里包含的含义以及对方没有说出来的隐含信息和弦外之音。在任何一场谈判中，训练有素、积极主动的倾听都是一项至关重要的技能，是成功的必备因素。这种技能让你能真正了解到对方想要表达的信息。

不过一般来说，我们大多数人在大多数时候都是糟糕的倾听者。你可能会问："为什么会这样呢？"原因很简单，你太忙了，根本没时间好好听别人讲话。你每天忙得脚不沾地，因此倾听变成了一件极为不方便的事情。你以为自己知道这个事情是怎么回事，这个问题是怎么回事或者某些机会是怎么回事，正因如此，你在每每提出问题的时候心里已经准备好了答案。或许你根本没有耐心听对方说那些"废话"了。

不过尽管倾听很重要，在你真正开始做出倾听的实践之前，我还是要提醒你：你倾听的对象不只是话语，而应该是对方的整个人。你要倾听对方说的话、对方说话的方式、对方说话时表现的是否自信以及是否存在犹豫情绪、对方的语音语调、对方的肢体语言，甚至可能还包括对方没有说出口的内容。

注意! 不倾听的严重后果

·你将会错过真正关键的信息，这将会影响到你的谈判结果。

·如果对方觉得你并没有认真地听他讲话，对方就不会再像以前那样尊重你，也就不会向你透露更多的信息了。

·你可能会做出一些错误的预判与假定。

请用你的两只耳朵和两只眼睛去"倾听"，然后只用你的一张嘴去表达。

你需要倾听对方所使用的话语、对方所使用的措辞、对方说话的方式、对方说话时所伴随的肢体语言，这些肢体语言有些与他们所传达的信息相一致，有些则相违背，这些都是需要注意的。有时候人们虽然在听，却没有听到重要的信息，所谓"听而不闻"就是这个意思。

倾听的另一要点在于，通过提出问题，对当下的情况做出明确以及真正彻底的了解。

好的谈判者一定是好的倾听者，而伟大的谈判者一定是伟大的倾听者！听和倾听之间的区别到底何在呢？普通的听众听的是说话的声音以及词句，而真正的倾听者听的是一个人想要通过语言表达的讯息。

如何在倾听中做到集中注意力

你可能会觉得你并不需要特殊的训练就可以做一个好的倾听者，但实际上倾听技能远远不止你想的这么简单。积极地倾听需要聚精会神、全神贯注。

平均来讲，一个人每分钟大概要说出 150 到 200 个词。

然而有些人在一分钟之内脑海中能够出现的词可以多达 800 个，正因为人们的说话速度与思考速度之间存在差异，这就给人们留下了巨大的空间，有很多的话语是在思维中进行的。

暂停

这里教给大家一个好办法：你可以假装自己有一个暂停键，就像你家里的收音机设备或者你的电脑上的那种暂停键，然后想象自己按下了这个暂停键。这个暂停键可以控制你的内心自我对话以及你的外部语言表达。

进入倾听状态

在你真正开始倾听之前，你应该让自己处于一个高度警觉的状态中：

1. 身体坐直，对你正在倾听的这个人保持高度的警觉和注意力。
2. 试着去模仿以及附和对方的肢体语言。
3. 保持安静。
4. 忽略自己的脑内对话。

积极地倾听

要做到准确无误地倾听，你必须要保持安静，无论是你的外部声音（你的外部话语）还是你的内部声音（你的脑内思考）。

1. 把自己的注意力都集中在说话的人身上——要保证自己给对方百分之百的注意力。

2.要注意解读对方说出的话以及对方没有说出的隐含信息。

3.不但要听对方说话的内容，还要注意对方表达内容的方式。

4.观察他们的肢体语言。

5.要利用好沉默带来的影响——有的时候你什么都不说反而会让对方说得更多。

6.用你所听到的内容进行提问——"还有吗？"。

重要提示！

在你的便签簿上放一个小小的便笺，提醒自己要聚精会神地倾听。

避免匆忙下结论

仔细聆听对方，而不是直接匆忙下定结论，这是一项非常了不起的技能。

这也就是说，要去耐心聆听对方而不去打断对方，不要根据自己的生活经验草率下结论。人们往往有这样的天性，就是喜欢对各种各样的人和事物做出自己的判断，这些判断往往受到我们每个人在过往的人生经历当中所遇到的人和事的影响，比如我们父母从小教育我们的方式，或者那些在各个年龄段、各个发展阶段对我们产生影响的人。

举个例子吧，我们自己的道德标准可能会影响到我们所听到的说话内容。

请记住，要保持沉默，要用心灵去仔细倾听。

重要提示！

当我在培训企业管理者如何在谈判中倾听关键信息的时候，我往往会提醒他们，倾听就是沉默的同义词。他们必须要保持完全的沉默，不仅仅是避免嘴上说话，而且还要避免在脑中构想接下来他们要说什么话。

如果倾听的时候不小心分神了该怎么办

我们大多数人都会面临这样一个问题：倾听是一种选择。你可以选择认为你所听到的信息是重要的或者不重要的，以及你是否需要完全理解你所听到的话。当你在谈判的时候，对方的话永远是重要的，因为这将为你提供关键性的信息。

如果你身处谈判场合之中，那么你没有任何理由不去倾听。如果对方的话你觉得不重要，这时候你就应该问问自己："我为什么要坐在这里？"

在谈判中，如果你的注意力被分散了，以致于不能够非常有效地倾听对方所说的话，往往可能出于以下几个原因：

· 你脑子里想的全都是自己的事。
· 对方说的某些内容引起了我们的一些额外联想。
· 对方让你感到很无聊。受到我们过往人生经历的影响，有时候我们的思维会被锚定或者被牵引。某些人说的某些话就能够让我们回想起过去曾经发生在我们身上的某些事情，接下来我们的大脑就会浮想联翩了。
· 你并没有屏蔽掉其他一些干扰的声音以及噪音。
· 你心中存有偏见、你以貌取人、你已经了解关于对方的一些事实，这些都会蒙蔽你的头脑，让你不能好好听对方讲话。
· 你很忙——你在急着要做完一件事情，或者赶着去开某个会。
· 你对对方所说的话题已经拥有了限制性思维，再也听不进其他的话了。
· 在会议讨论的场合中，如果你对某人说的话自动屏蔽，那是因为你觉得这个人永远不会想出什么好点子，或者说白了你就是不喜欢这个人而已。
· 对方所说的话让你感到不快。
· 压力（这也是人们不能够很好倾听的最主要原因）。

人们在倾听的时候遇到的最大的困难之一就是脑内对话。所谓脑内对话，指的是当你在倾听的时候，脑海中往往会浮现出一些不相干的思想。

脑内对话的比较典型的例子如下："他为什么要戴那么滑稽的一条领带？""晚饭吃点儿啥呢？""他让我想起了我哥的一位朋友。""他真的以为穿着那样的正装会给我们留下深刻印象吗？"

想要避免分神，这里有几个非常关键的步骤可供参考：
1. 把注意力全部放在你所倾听的对象身上。
2. 把所有的电子设备都关掉，比如你的手机。
3. 如果你是在电话上与人交谈，那么你需要合上电脑屏幕。
4. 如果你在开放的公共场所与人交谈，那么请自动忽略所有来来往往的人。

5. 身体坐直，要给对方积极的肢体语言。

6. 不要去想自己接下来要说什么。

7. 不要去预先设想接下来自己要怎么回复对方。

重要提示！

请记住，倾听是你自己做出的一种选择。

快速复述法

快速复述法是一个能够帮助你在倾听过程中保持注意力集中的好办法。这个办法非常简便易行也非常有效。你只需要在心中重复一遍对方所说的话就可以了，这大概在对方说完之后的几分之一秒内就可以完成。这样做能够保持你的注意力，并且能够加强你对对方所说内容的记忆。

很多国家的政府人员都在思考，或许他们需要对现行的陪审相关的法律法规做出改进。为什么呢？

因为人们发现在庭审的过程中，陪审团的成员们往往会被网络、电视、社交媒体以及其他一切具有 21 世纪特色的干扰物所影响，因此并不能够全神贯注地参与庭审，履行职责。

最近，英国最高法院的首席法官说："现在的这一代人，他们虽然坐在陪审团的席位上，但是却完全不习惯于静坐听讲。这也就改变了我们曾经无比熟悉的庭审传统氛围。"

有研究者提出建议说，今后应该给陪审团成员分发便携式的监视器，他们可以通过按钮的方式来获得自己想要确认的信息，以此来参与庭审。

如何判断对方是否在认真听你讲话

通过解读对方的肢体语言，你能够快速分辨出谈判现在进行的状况，并对自己下一步该做什么做出决定。你需要关注对方的肢体语言，并时刻使他们保持注意力集中。这一点很重要，因为如果你想要很好地说服对方的话，你就需要占据对方全部的注意力。

检查对方的肢体语言

肢体语言在本书的第十一章有详细的论述，但是如果仅仅是想要通过肢体语言判断对方有没有在听你讲话，那就很容易了。

以下迹象表明对方正在专注地倾听：

·张开双臂——这说明对方对你所说的内容高度重视。

·令人舒适的眼神交流——如果他们对你视线所及之物给予足够的重视，那就说明你抓住了对方的注意力。

·坐姿前倾——如果对方身体朝你的方向前倾，就说明他们是对你关注的。

如何判断对方是否心不在焉

如果对方没有认真听你说，那么也会在他们的肢体语言中清晰地表现出来。

以下迹象表明对方没有在专注地倾听：

·双臂交叉——这说明对方可能并没有在听你的陈述。当然，也不能一概而论，有时候也并非如此。对方也可能是感觉不舒服，或者仅仅是因为冷，再或者对方真的是在心中思考什么问题。

·糟糕的眼神交流。

·太多的眼神交流——有的时候，一个人并没有在讲真话或者想要误导你的时候，他会在谈话中与你进行过多的眼神交流。基本上每次眼神交流维持在两秒钟比较正常的，但是这也会因人而异。

·他们会流露出心不在焉的表情——他们在做别的事情比如说看他们的电子设备。

·他们确实没有认真听你说话——如果在打电话交流的时候，你会听到他们的说话背景音中有敲键盘的声音。

很多人在打电话的时候都自以为可以掩盖掉不认真听对方说话的行为，这样就可以做别的事情了——比如看邮件。他们以为自己可以不被发现，但实际上完全不是这样。要想做到仔细地倾听，你必须要集中百分之百的注意力。我曾对我的高级进修班学员们进行过调查，我问他们这个问题："你能否分辨出电话另一头的人是否在认真听你讲话？"几乎百分之九十五的学员都表示他们能够分辨出来。

除了观察对方的肢体行为之外，你还应该注意观察对方的肢体语言与他们所说的话之间的关系。请考虑以下方面：他们所说的话和他们的肢体语言是否互相违背？举个例子，当他们说某事确定无疑的时候，他们的肢体语言是否也告诉你这件事是确定无疑的？如果他们自己都不相信这件事情，那么相应流露出来的肢体语言就会包括刮鼻子、局促不安、脸红，以及肤色的其他改变、流汗等等。

当你在说话的时候，对方有没有做出不一样的举动？当一个人在说话的时候和在听人说话的时候流露出两种完全不同的肢体语言，那么这时候你就应该小心了。这可能说明了一系列信息。如果对方在你说话的时候流露出自信，这可能意味着对方的表现比他们自己之前预想的要更好。如果对方表现出不那么自信，这可能意味着他们对自己刚刚所承诺的内容有些许的担忧，不确定自己能否兑现承诺。

如果对方没有注意听我讲话，我该怎么做呢

如果你在谈判中的伙伴没有注意听你说话，那么你一定要采取一些行动，把他们的注意力拉回到谈判上来。这一点非常重要。你需要做一些有效的行为，一些不太一样的行为，也就是心理学家们所谓的"模式切断"行为——以便将对方的注意力重新激活，使之重新回到谈判进程中来。

你可以很自然地解决问题，方法就是这样说："我们先休息 5 分钟如何？"当然你也可以采取一些其他的肢体语言，比如说：倒咖啡、点餐、开窗户、更换坐姿等等。

倾听的时候要注意捕捉哪些关键的词句

当你在谈判中注意倾听的时候，你将会听到些关键词，关键词的范例一般如下：

· "我的正常报价是……"

· "您并不经常做出折扣决定。"
· "那样做确实会有些困难。"
· "我们的一贯政策几乎都是……"
· "只有我们公司的最高决策机关才有权同意……"
· "只有我们的经理才有权决定这件事。"
· "您需要做出折扣的灵活处理。"

在前两个例子中，关键词是"正常"和"经常"，而对于其他几个案例，我们往往第一反应就是要问一句——凭什么？

所以这时候我可能会反驳道："我们的政策一贯都是不按照定价付钱，我们一般都是期望着拿到折扣的，这是我们的一贯政策。"或者："我们在折扣问题上非常坚持。"再或者："为什么这样做会有困难？你如何才能帮忙解决这个问题？"

还有很多关键词是谈判中需要去注意的，当然这取决于当时的具体情境。

这里还有一些关键词的案例：

"此时此刻或者说根据眼下的情况，我们没有办法改变我们的定价。"

"我们很快就会有价格优惠了。"

"以您现在的报价，我们很难继续这单生意。"

"今天咱们就只能进行到这里了。"

在以上所有的案例中，你都可以进一步深挖，去试探在什么样的情况下你将会有可能去改变对方的定价。

如何解读对方说话的方式

人们说话的方式是非常重要的。对方的语音语调、对方在某些词语上的重音，都可以表达信息。

请注意对方说话中的颤音，这暗示着对方感到紧张或者在撒谎；如果对方说话有所迟疑，那可能意味着对方并不确定自己所说的内容。同样的道理，当一个平常并不结巴的人忽然开始说话结巴了，那么这也会表露出类似的信息。如果对方的声音柔和而充满自信，那么说明对方胸有成竹，但是如果对方说话声音过大并且盛气凌人，那就意味着对方可能有点儿心虚了。

如果对方的话听起来模棱两可，那么他们可能对自己或者对你们正在讨论的这个问题并没有十足的把握。还有一些人说话的时候听起来就像照本宣科一般。如果谈判中对方说话照本宣科的话，我敢打赌他们没有考虑到你所关心的点。

有一些人由于身处特殊的岗位，所以需要在说话的时候给人营造一种不容置疑的形象——比如说警官、律师等等。在谈判中，你要确保对方不是在玩儿角色扮演游戏，确保他们呈现给你的并不是刻意为之的一面。想要验证这一点，你需要提出更多的问题，无论他们是否真的知道答案是什么。

再重申一遍，最关键的是要注意以上这些方面。

请牢记，时刻要求自己坚守"WAIT"原则

WAIT 四个字母代表的是一句话："我为什么要开口说话？"（Why am I talking）一个人不可能同时又说话又倾听，此二者不可兼得。所以当你在说话的时候，一定要问问自己："我为什么要说话？"

无论何时，当你身处谈判之中的时候（请记住生活中的任何事情在某一阶段都可以归结为一场谈判），请一定不要忘记："善解人意的人才会去听，而用心倾听的人才善解人意。"正因为如此，如果你能够学会倾听，对方也会更加喜欢你，如果对方喜欢你了，那他们就可能会告诉你更多信息，进而让你了解到他们的秘密。一般来说，到了这一步，也就意味着你能够在谈判中与对方达成更高层面上的一致，这样我们也就更加接近达成共赢谈判合作的目标了。

在谈判中，倾听是一项非常重要的因素。通过倾听，你可以真正了解到对方的背景信息：他们想要达成什么目的，他们是否还有隐藏的安排或动机。这一切都可以在你提出定价或者更改定价之前了解到。

不妨尝试以下这个小练习。

练习：

请一位朋友对你讲话一分钟，在这一分钟里，你不能够打断。你必须 100%倾听。接下来，一分钟之后，你要向你的朋友复述他刚才所说的话。

接下来双方交换角色，重复上述练习，这样你的朋友也能有机会参与。

很多人都觉得这个练习非常有难度，并且相当累人。这个练习的好处是，它可以让你真正专注于对方所说的每一个字，专注于对方说话的方式以及对方的肢

体语言。你必须要练习这种积极的、训练有素的倾听行为。

重要提示！

请记住，大多数人想要的是一个善于倾听自己的人，而不是一个善于跟自己说话的人。

要点回顾：

·在任何谈判场合，请一定要注意仔细倾听——你一定会有意外收获的。

·倾听的另一个同义词是沉默。在谈判过程中，你在倾听的时候一定要保持嘴和思想的双重安静。要注意屏蔽掉你的脑内对话。

·请确保你听到的是对方真正想要表达的信息，而不仅仅是字面意思。做到这一点将会使你在谈判中成功的概率翻倍。

第十章 哈佛式谈判思维

在本章中你将会学到：

- 在谈判中如何充分利用你的头脑为自己谋利。
- 如何绘制思维导图、进行头脑风暴／思维风暴，以获取更好的谈判结果。
- 如何掌握速度技能，在更短的时间里获取更多的信息。
- "隔夜思考"这种表达方式如何能够取得更好的效果。

运用技巧，赢得谈判

想要在谈判中获得非常棒的结果，那么本章将会是关键性的一章。

本章对谈判的准备阶段的要点进行了补充，本章还将帮助你变得更加高效、更加高产，并进而帮助你在谈判中取得成功。这些也都是非常有用的生活技能。

内容提要：

- 使用"全脑"的技巧——将两个脑半球联系在一起的连接技巧。
- 为什么思维导图是重要的。
- RAS 法则——专注于自己的目标。
- 如何通过头脑风暴理清事实真相。
- 思维风暴不等同于头脑风暴。
- 通过快速阅读，争取更多时间。
- 二八法则在应用中的关键因素。
- 如何利用大脑放松的、富有创造力的状态。
- 为什么你需要随身携带一个便签簿。

通过使用上述技能，你将会拥有额外的时间去研究额外的信息，并以此来为自己的表现增色。请保持思维的开放，因为在我们今天这个瞬息万变的时代，本章所列举的这些看似略微超出常理的小技巧将会帮助我们变得更加高效、更加明智以及更加有影响力。

重要提示！

用脑的真正技巧在于使用全脑思考，也就是使用你的左脑和右脑——你的大脑的左半球和右半球——这样一来，你就能够在机会来临的时候及时发现它们，一瞬间将机遇考虑通透，然后见微知著，抓住成功的种种迹象，最终使自己赢得一场漂亮的谈判。

在我从事谈判职业生涯的早年，我就意识到了我们必须对我们谈判中的一切事情了如指掌才行——我们需要了解与我们谈判的各种各样的对象，以及他们的情感、驱动他们的因素。通过做好这些工作，我们就可以看清楚事物的每一个侧面，也就能够了解别人的背景信息了。

一个好的谈判者，必须在合理的范围内拥有一定的求胜心，或者至少在谈判的时候要把自己放在一个一心求胜的地位上。但与此同时，我们所追求的谈判结果是合作共赢，我们必须充分调动一切资源，并且对事情的进展了如指掌。我们对对方的背景信息在情绪以及逻辑层面上了解得越充分，我们在谈判中的效率就会越高。

很久以前，曾经有人向我指出人的大脑是如何工作的。我曾经报名参加托尼·布詹（Tony Buzan）先生开办的一门课程，布詹先生曾经制作过一档非常成功的电视节目，名为《善用你的头脑》，时至今日，该节目在 YouTube 网站上还具有相当可观的收视量。在那以后，布詹先生出版了许多本书，讨论有关思维导图及其优点等话题。

布詹先生的书中提到了关于人的大脑的一些研究，这些研究表明，大脑是一个非常复杂的组织，随着新的科学研究发现的涌现，神经科学家们不断地为此而感到震惊。

全脑思考是如何帮助我们进行谈判的

背景介绍

在 20 世纪 80 年代，美国加利福尼亚州（Californian）的两位神经外科医生罗杰·斯佩里（Roger Sperry）和罗伯特·奥恩斯坦（Robert Ornstein）获得了诺贝尔奖。他们的获奖原因是他们在脑电波以及大脑的特殊活动方面所做的先驱性研究工作。关于这个领域的研究工作至今仍在进行。人们对于大脑的了解有了长足的进步，相比之下，在 20 世纪 70 年代该领域研究还处于起始阶段的时候，当时的认知基础还是非常低的。

有一种理论认为，我们到目前为止能够认知并且使用到的我们大脑的能力，只占大脑全部能力的 10% 左右。

斯佩里和奥恩斯坦两人所发现的结论是：人的大脑的左右两个半球是由一个叫作脑胼胝体的组织连接在一起的，脑胼胝体包含了大量的神经纤维，据说这些神经纤维的线路总长度达到了 200 英里之多。

重要提示！

我们的大脑有两个半球组成：左脑和右脑。我们应该学会如何最大化地利用我们的左右脑以找到问题的解决方案，在谈判中取得更大的胜利。

两个大脑？我们的大脑有两面，就是我们通常所知道的左脑和右脑，这两个半球往往在不同的活动中相互联系和作用。

左脑主要负责的是逻辑、阅读、写作、词汇、分析、推理、线性活动以及一些与考试有关的活动，或学校、资格认证等相关活动，以及那些具有学术性质的工作。

而我们的右脑负责的往往是想象力、色彩、视觉信息（解读肢体语言以及信号）、空间感知力（观察整体局面而非细节）、情感（情绪智力）以及直觉思维（内心最直接的感受）。

一方面我们的左脑往往与分析能力紧密相连，但是另一方面，右脑却更多地与阿尔法波以及冷静状态相关联，这一点，我在后文中会进一步解释。

这一点对于我们的谈判工作有什么意义

对我们来说，当我们在进行谈判或者在为一场谈判做准备工作的时候，同时使用我们大脑的两个半球是非常有帮助的。

图 10.1 大脑左右半球功能示意图

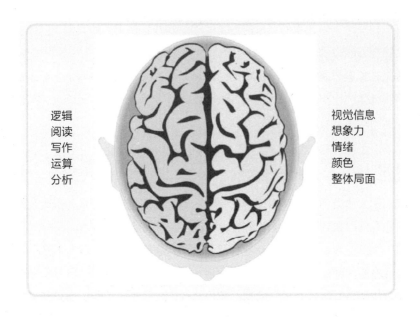

举个例子，在我们的准备工作中有大量的工作都是通过左脑完成的：比如分析、调查研究、准备电子表格、成本预算、阅读、写作、通过电子邮件询问信息、通过领英网查阅对方的档案以了解更多信息等等。

然而，当我们一旦坐到谈判桌上，开始进一步深入地谈判讨论的时候，很多右脑的功能就开始发挥作用：比如解读视觉信息、对方的肢体语言、解读对方的语音语调、纵览全局、察言观色、分辨对方是否向我们吐露实情、相信自己的第一直觉以及用我们已知的事实来验证自己的直觉，然后再去反复验证事实等等。

大脑是要消耗大量能量的

大脑确实会消耗大量能量，大概占到我们人体所消耗能量的 20% 之多，这也就能够解释为什么当我们在进行大量的思考工作以及进行一场长时间的重要谈判的时后会感觉到非常累。

所以我们需要能量，我们需要休息，需要有时间和同事聊天，讨论我们刚刚所看到的、听到的以及感知到的信息。

意识与潜意识

据说我们的意识只能在头脑中同时存留7件事——最多9件，最少5件。而其他所有的事情都是存储在我们的潜意识当中的。

很显然，我们从来就不会忘记什么东西，这些东西都存储在我们的大脑当中了，所以记忆不是问题，真正的问题是我们如何才能够想起这些记忆。

我们往往能够注意到很多事情，甚至在我们的大脑需要将许多事情过滤出去的情况下也还是如此。我们大脑的过滤功能就是为了让我们保持理智，并且避免头脑的负担过重。

我们之所以能够了解到我们的潜意识中储存着我们所有的经验记忆，是因为当有一件事情触发了我们的某一根神经之后，我们往往会回想起过去的某件事情——我们会记得非常细腻而生动。我们经历过往这些记忆的当时情绪体验越强，那么在后来的日子里受到触发而产生回想的可能性就越高。

记忆往往与情绪体验有关，情绪体验往往把记忆锚定在我们大脑负责存储记忆的部分当中。

音乐是一个非常有效的触发因素。如果当我们经历某一次非常剧烈的情感体验的时候恰巧听到了某段音乐，那么无论这段经历是好还是坏，它都会被与这段音乐紧紧地锚定在一起。这也就能解释为什么当下一次再有人演奏这段音乐的时候，我们就能够回想起特定的事件、人物或经历。

如何利用大脑中的过滤机制

在清醒的时间里，我们被数不清的各种信息轰炸着。我们是不可能把所有信息全部吸收的。假使我们真的做到了将所有信息滴水不漏地全部吸收，那么我们的大脑将会被信息填满，造成过载，然后停止接收任何新信息。

为了防止我们接受过量的信息，我们的大脑设置了过滤机制。过滤机制往往能够删除、归纳或者改编信息。这就是为什么很多时候有些信息被某一个人所忽略却被另一个人所注意到的原因。当我们去看一场表演或者一场运动比赛的时候，通常和我们同去的人会发现一些我们没有发现的东西。

数据阅读障碍症

如今，心理学家们把信息量过大造成的过载现象叫作数据阅读障碍症。这主要是就我们每天所接收到的、看起来似乎有必要去阅读的电子邮件以及数据信息的数量而言的。在这一领域，我们就需要利用二八法则练习我们的阅读技能了（这个法则将在之后的章节中讨论）。

那么，我们在谈判的时候如何能够充分利用这一点呢?

请注意你可能会遗漏的事物

请尝试下面的实验：

你能在下面的句子中找到多少个字母 F ?
Finished flies are the result of years of scientfic study after years of practical application.

尽管在这个实验中并没有什么陷阱，但是人们还是会给出不同的答案。有些人可能会只看见 3 个、5 个或者 6 个 F。

这告诉我们，有些至关重要的信息，即使明明摆在我们面前，也还是有可能被我们遗漏掉。在这个练习当中，有些人由于快速阅读而遗漏了藏在 of 中的字母 F，还有些人是没有注意到。

如果我们没能够发现上面例句当中的所有字母 F，或者没能发现接下来案例中"隐藏的大猩猩"，那么我们真的需要进行一些训练来提升我们的观察力了：我们要观察我们身边日常发生的事情，观察谈判中对方可能会说的话语、做出的行为以及通过静默信号传播的信息。

（上面的例子中一共有 7 个字母 F。）

看不见的大猩猩

英国心理学家理查德·怀斯曼（Richard Wiseman）教授曾经写过一本书，书名叫《你有没有发现大猩猩》。这个书名是根据哈佛商学院的一位心理学家大卫·西蒙斯（David Simons）所做的一项实验而取的。

这个实验首先给观众们放一段录像，录像中有两队篮球运动员正在互相传球，你可以自己在 YouTube 上面观看这个视频：观众们被要求数出其中某一支队伍的传球次数。因为观众们都把注意力放在这件事上，大多数的人几乎都没有注意到有一只大猩猩穿着人类的衣服从镜头前走过。这真是令人惊讶。

由于这段视频在全球各地电视上以及互联网上播放了无数次，很多人都见过这段视频。可是有很多之前看过这段视频的人仍旧没能够发现视频中的大猩猩。

这种现象被称作非注意盲视。在谈判的情境中，我们需要眼观六路耳听八方，关注当下所发生的一切事情和对方所说的话，这一点非常重要。只有做到这一点，我们才能够不至于忽略大猩猩的存在。

人们之所以会对大猩猩视而不见，主要是因为观众们的注意力都集中在其他的事情上，他们都在忙着数传球次数呢，根本没有注意到一些次要的事情。

这种情况往往发生在现实生活中，尤其发生在谈判情境中。人们往往过于关注某一特定事件，以至于会忽略掉其他一切唾手可得的信息，而这些信息往往能够对他们改变策略、改变定价或者改变谈判条款或者条件起到帮助作用。

你可能会忽视掉对方的语气语调、对方的肢体语言、对方的个人安排以及对方可能对此定价有所不满的一切迹象。你需要时间来把事情都弄清楚，因为谈判中的对方往往过于急切，试图快速把事情盖棺定论。

只要花一点儿时间多去注意一下周围发生的事情，你就会得到意想不到的惊喜发现。

给你一串字母：OPPORTUNITYISNOWHERE

你是否从中看见了下面的话？

OPPORTUNITY IS NO WHERE（机会无处可寻）

或者你是否看见了下面的话？

OPPORTUNITY IS NOW HERE（机会就在眼前）

锻炼你的大脑

有一个问题就是，除非我们可以去训练或者命令我们的大脑去注意到那些我们想要看到的、听到的以及感知到的信息，否则我们的大脑就会把相关的信息过滤掉，而这些信息对于我们在谈判中达成目标都是有用的。

所以说，在谈判的场合中，如果我们想要倾听、观察以及感知谈判的进展情况的话，我们或者需要随行携带一位工作伙伴，或者需要做一个特殊记录，一边去关注会议进程中那些特定的事项，一边有意识地去观察。在有意识地观察一段时间之后，我们就可以形成无意识的习惯行为，甚至不用刻意去思考了。

对我们的谈判有用的信息主要是通过我们的感官进入我们的头脑中——而两个最主要的感官媒介就是视觉和听觉。你对于当前局势的感知也是非常重要的，而这种感知往往有关于我们所谓的"第六感"直觉。

注意！

不论直觉这种东西是什么原理，我给你的建议都是：在谈判中不要忽视自己的直觉——也就是第六感。人的大脑存在筛选机制，用来控制输入的信息量，而这种筛选机制其实也就是删除、概括以及重构。

图 10.2 大脑的筛选机制

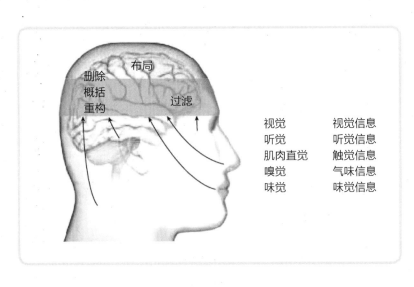

思维导图

在我为谈判做准备工作的时候，常用的技巧之一就是思维导图，这个技巧需要调用你的左右脑两个半球。在我准备谈判、当我在谈判中，以及当我在总结谈判要点的时候，我都会经常使用思维导图。这项技能使我能够把所有获得的信息呈现在一张纸上，依时间顺序罗列，并轻而易举地在图中增加一些额外信息。我真的很推荐这种做法。

思维导图这种技能更多地调用的是我们的右脑以及我们的潜意识，这些都是我们的创造力之所在。导图中的连接线彼此相连，并以时间为顺序延伸。思维导图的内容可以包含一些彩色文字以及图片，笔者发现这些内容非常有助于加强记忆效果。有时候当我们面临非常重要的大谈判，我们往往会进入一种紧张且有压力的状态，而思维导图就可以有效缓解这种压力。

我记得有一次我在利物浦（Liverpool）与一位国营零售商进行谈判，当时我怎么也想不起来怎么用自己的计算器——我可能有所夸张，但是我当时的确弄不明白对方是如何经过调整，把数字从每件单品的基础价整合成一个固定的价目表的，我也不知道他们的报价是怎么算出来的。

为什么会这样呢？因为当时我承受了太多的压力，心情紧张。我当时一直坐在一间会议室里，面对着这家零售商财政部的四位成员，我在谈判之前一直等待对方到场，并在随后的谈判中被对手轮番使用各种伎俩威逼利诱。然而我当时使用了思维导图，这使我能够很快将注意力重新拉回到真正重要的项目上来，并且明确了我方参与谈判的目标。

如何绘制思维导图

你首先需要一张白纸，要横向放置。我比较喜欢 A4 纸，因为这是常见的尺寸大小，而且你可以在自己的文件夹中轻易找出一张可以用的 A4 纸来。

那为什么要把纸张横放呢？因为这种放置与我们的双眼以及左右脑之间的联系更为符合。我们有两只眼睛，双眼之间的距离大概有 2.5 厘米远，这也就意味着我们在双眼全都睁开的时候才能够更加敏锐、更加清晰地观察事物。从我们的生活经验来看，宽屏的电视机要比正方形屏幕的电视机更加利于观看。同样的，电脑的屏幕也是横向距离大于纵向距离。

接下来我们从一张纸的正中间开始画起，写上我们的主题内容，比如说："与约翰路易斯（John Lewis）百货的谈判。"我们从这个中心话题上开始发散出不同的线条。我可能会使用这些线条作为关键信息线。

谈判目标

安排

调查研究

关键项目

可变项目

最优定位－目标定位－撤出定位－可选定位

独家卖点

谈判策略

肢体语言

其他商业机构

提示物

总结

反对意见的处理

追踪随访

你也可以决定使用其他标题。在这些大标题下面你可以使用次标题。你可以使用小型的图画来提醒自己记得某些关键信息。你也可以使用彩色笔来为自己的思维导图增添趣味，有时候趣味性能够有助于人的记忆。

当你完成了第一版思维导图之后，你可以把这张图放在一边，然后等到你忽然想起还有什么别的项目可以添加到其中的时候再做改动，通常这是发生在隔天之后的事情了（参见本章稍后即将提到的阿尔法状态）。

下面为大家列举了一个关于肢体语言的思维导图。

图 10.3　关于本书中一些重点的思维导图

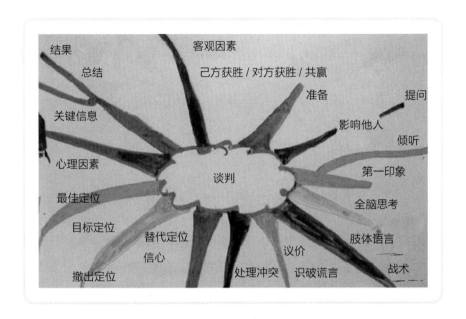

头脑风暴

在谈判的准备阶段，另外一个非常重要的技巧就是头脑风暴。这将会调用到你大脑的两个半球的能力，还能汇聚参与头脑风暴讨论的众位伙伴的集体智慧。

如何进行头脑风暴？

你可以邀请最多 6 个人坐在同一间屋子里。然后把谈判的要点罗列在一张白板或者一大张白纸上，挂在房间的正中央。

假设现在你要面临的问题就是即将到来的这场与关键客户之间的棘手的谈判，你将要面对的是最大的、让你盈利最多的客户。你知道一直以来你们的盈利空间都很可观，那么在这次谈判中，你是可以接受一定的预期内降价的。

你可以邀请一位引导员，他的任务就是把你们在头脑风暴中遇到的所有想法全都写在白板和纸上。

规则如下：

1. 你的团队成员能够想到的所有的点子都应该被记录下来。

2. 百无禁忌，畅所欲言。

3. 没有人有权对别人所说的话进行评价以及判断。

4. 无论有谁提出了多么疯狂的想法，其他人都无权进行批驳。

之所以要求在头脑风暴中不允许有评判行为，是因为，如果一个人发现其他人认为自己的想法很疯狂、荒诞不经的话，那么他们后续就不会再提出其他的想法了。一般来说，在这一阶段，那些惯于使用左脑即逻辑分析思维的人们更难控制自己评判别人的想法。

这张纸应该固定在墙上，在所有人都能够看到的位置。

在大约 15 分钟之后，如果大家的想法都提得差不多了，引导员的工作也就结束了。

每当我所合作的团队要和大型零售商之间进行谈判的时候，我都会带他们进行头脑风暴。在讨论过程中，我们发现我们竟然能为对方提供多达 12 种的可变项目，而这些都是我们在先前的谈判中没有注意到的。

于是我们得以把这些可变项目写进我们的估价提议表中，并因此在谈判中为自己争得了额外的一笔费用（尽管是一笔小数目）。

思维风暴

所谓思维风暴实际上指的就是一个人独自进行的头脑风暴。这种方法就是为自己设定一项挑战目标，要求自己找出所需要的 20 个要点，用来在谈判开始之前检验自己的调查研究工作。你需要在一张 A4 纸的顶端先写上一个问题：

在我进入谈判之前，我需要思考的这 20 个要点都是什么呢？

下面请把你的要点罗列出来。其实前 12 个要点都还是比较容易想出来的。但是从这以后，罗列就开始变得困难了。然而正是最后的 8 个要点才可能是你之前真正没有想到过的。

这时候你需要坚持思考，直到自己最终真的想出 20 条为止。

巧妙阅读法与快速阅读法

在这个信息爆炸的时代，如何能让自己的阅读速度加倍提升，为自己每个月节省出 4.5 天的时间呢？

在如今社会，我们真的很需要提升自己的阅读速度，这样才能够在谈判之前收集到自己所需要的全部信息。奇怪的是，我们的阅读速度虽然变快了，但是我们对信息的理解却变得更加丰富。是的，事实就是如此，尽管这听起来有点不对劲。

想要在谈判中表现出色？那你就必须要把所有的可用信息都弄到手。如果你没有把所有能收集到的信息都了解一遍，那么你是没有任何借口为这个失误辩解的。

最近，我得知了一些研究得出的统计数据，这些统计数据让我感到很不寻常。表面上看起来现在人们平均每天要花费 3 小时的时间阅读与商业业务有关的东西：比如电子邮件、文章以及报告等。

这也就意味着每个月要花费 90 个小时，如果按照每天工作 10 小时来算的话，那也就是 9 个工作日之多。所以说，如果你能够将自己的阅读速度提升到两倍，那么你将会每个月为自己额外省出 4.5 天的时间。

那么如何做到这一点呢？请看如下指南！

1. 首先，你要下定决心让自己的阅读速度提升。设定自己的心态——信念。

2. 使用自己的手指将视线固定在你要阅读的词句上面，然后用手指带领自己的视线加速阅读。

3. 如果你在电脑上阅读的话，使用你的鼠标让自己的视线跟上。

使用一个指示物比如手指或者鼠标，这种方法叫作视觉定速法。你让自己的视线以一定的速度扫过文章，学会跳过那些空格、空行，以及不重要的多余词语。

这个办法是如何生效的呢？这个办法之所以生效，是因为当我们正常阅读的时候，大多数人是没有办法忽略掉那些词与词之间的空格的。但是读这些空格本身是没有什么必要的，因为我们的大脑足够聪明，完全可以自动把空格过滤掉，他们知道这些空格是没有什么意义的。

这样一来，通过使用指尖以及鼠标，我们就可以加快我们的阅读速度，我们的视线可以以一种更加流畅的方式扫过文章了。

请尝试这个办法。

练习：

请另外一个人拿起一份阅读材料，观察他们在阅读的时候视线在每个词语之间的不规则来回摆动。通过使用指尖或鼠标的办法，你可以几乎立刻将阅读速度翻倍。接下来，随着你的阅读速度逐渐加快，你将会学到一项新技能，那就是在阅读的时候眼光直接传过字行，一路向下阅读整页，整个动作会很流畅，这可能会让你的阅读速度再增加 50%。

你可以尝试用这个网站来测试你的阅读速度：http://www.readingsoft.com。你也可以尝试阅读托尼·布詹的书《速读手册（心态）》（2009 年出版）。

从表面上看，一般的读者往往每分钟可以阅读 200~240 个单词，而速度极快的阅读者每分钟可以读到 700~1000 个。我曾经在这个网站上测试过我自己的阅读速度，结果是每分钟 709 个词，但是这对我的理解速度水平来说实在是太快了，我觉得我每分钟能读大概 550 个词。

然而，在正式的谈判场合，你的速度其实是在通过浏览的方式寻找所需的关键材料信息。当你在快速浏览网站、电子邮件、excel 表格、word 文档、pdf 文档等文件的时候，你都是在寻找关键信息。当然，当你找到真正重要的信息之后，你应该给这些信息打上标记，以便你后续回来看这段信息以及重新分析。

影像阅读

有些人可以进行影像阅读。我自己从来没有尝试过这项技能，但是我一直都对它很感兴趣。所谓影像阅读，换句话说就是以一种非常非常快的速度，在翻页之间就领会到一页材料中的所有信息。

谈判中的二八法则

维尔弗雷多·帕雷托（Vilfredo Pareto）是 19 世纪意大利的一位经济学家。他注意到社会上 80% 的财富以及财产都掌握在 20% 的人手中。由于他是一位经济学家，他开始对这个法则在商业和生活中如何应用产生了兴趣。

他发现这个规律或者说法则似乎在我们日常所做的每件事情当中都适用。

80% 的利润都是由 20% 的用户所带来的。

80% 的关键数字都包含在 20% 的数据之中。

你在谈判中需要知道的东西，其中 80% 的内容都包含在 20% 的资料当中。

谈判中 80% 的要点都包含在 20% 的谈判时间之内。一封信、一封电子邮件中，80% 的信息都包含在 20% 的文字当中。

谈判中 80% 的让步与妥协都是在最后 20% 的时间里完成的。

谈判中 80% 的一致意见都是在最后 20% 的时间里达成的。

这样的法则将如何影响我们的谈判行为呢？在很多方面，一旦我们充分理解了二八法则，并且注意发现二八法则的应用，那么我们将会变得非常高产，并且拥有非常强势的竞争力。

如果一个单词的首字母和尾字母写得正确，那么我们往往那个就能猜到这个词的意思了。这告诉我们，我们的头脑有多么聪明，另一方面也告诉我们，有多少额外的工作可以被完成——当我们进行谈判的时候可以同时进行多少调查研究工作。

练习

请试着阅读以下段落，看看你的大脑是如何工作的。

"只有明聪的人读可懂以段这话。根桥剑据大学研的究，我们大脑的拥卓著有的能力。在的时阅读候，一个单内的词字母并不顺序重要，唯一重只有要的单词的首字和尾母字母。只要它位置们的对是的，那么算就其他字顺母的序全是都乱没也的关系，你然仍可不费以毫力地出单读词。这是因为大脑们我的不并会去单阅读词本身，而是会阅单的词读全貌。我以认总是前为单写词拼是很重要的！但是如果你仍然可以通这段读文字，那就掉忘以偏见往的吧！ ①"

---

① 译者注：这是一段故意打乱顺序的文字，本段文字正确顺序如下：只有聪明的人可以读懂这段话。根据剑桥大学的研究，我们的大脑拥有卓著的能力。在阅读的时候，一个单词内的字母顺序并不重要，唯一重要的只有单词的首字母和尾字母。只要它们的位置是对的，那么就算其他字母的顺序全都是乱的也没关系，你仍然可以毫不费力地读出单词。这是因为我们的大脑并不会去阅读单词本身，而是会阅读单词的全貌。我以前总是认为单词拼写是很重要的！但是如果你仍然可以通读这段文字，那就忘掉以往的偏见吧！

利用创造性思维解决谈判中的僵局

背景介绍

通过各种各样的测量仪器，目前人们已经探明，来自人脑内的电活动是以脑电波的形式发出的。通常，这种活动的记录被称作脑电图。

贝塔状态

当我们的大脑被唤醒的时候（比如说像我正在读这本书的时候，我的大脑就被唤醒了），它往往会发出一种叫作贝塔脑电波的东西。在 1926 年，心理学家汉斯·贝格尔（Hans Berger）曾经描述记录了四种脑电波，其中贝塔波是最快的一种。贝塔脑电波的频率大概是每秒 15~40 次，在此区间内浮动变化。如果一个人的思想密切地关注着某事，那么他的大脑往往会出现贝塔波，他的外在往往会表现出积极的对话、发表意见以及做出展示等等。

阿尔法状态

下一种要介绍的脑电波活动叫作阿尔法状态。这种状态是一种相对放松的、平静祥和的清醒状态，这种状态不需要注意力的集中以及感知的刺激。阿尔法状态的典型特征是 8~13 赫兹的脑电波（这一数据是德国心理学家汉斯·贝格尔在1924 年记录得出的，他因为发明了用于记录脑电波的脑电图描记法而广为人知）。这种状态往往伴随着宁静的感觉，抛却了紧张以及焦虑情绪。想要达到这一状态，可以使用生物反馈放松训练以及冥想技巧。

研究表明，人们的一些非常棒的创意想法往往是在这种状态下催生出来的——对于很多一直以来在工作中、在谈判桌上努力思考却找不到解决方法的问题，往往在这种情况下我们才会想出巧妙的解决方案。这种好点子往往会在我们半夜睡不着的时候突然出现，或者正当我们即将要睡着但还保持清醒的时候，再或者仅仅是在放松的时候。

有些人得到最好的点子都是在"无心插柳"的情况下——比如开车的时候、坐在火车上的时候，或者在体育馆的时候。无论你在哪里，好点子都有可能降临。

重要提示！

不要忘记随身携带一个便签簿以便随时记录你的好点子。

一般来说这些好点子出现的时间都在 10 秒钟以内，所以你需要立刻马上把这些好点子记录下来。

当一个人在谈判的间隙休息一小会儿的时候，当他在花园里散步或者只是静坐反思的时候，他都有可能会进入阿尔法状态。

西塔状态

下一个状态就是西塔状态了。这个状态下的脑电波频率更低。在西塔状态下，一个人往往已经完成了一段工作，处于暂时休息，并且开始进入白日梦的状态了。

如果你发现自己正在高速公路上开车，但是对过去的 20 分钟完全没有了记忆，那么你往往就是进入了这个状态。在高速公路上开车所形成的西塔状态与在小路上开车那种全神贯注的状态（贝塔状态）形成了鲜明的对比。

正因为上述原因，当我在做长途旅行的时候，我都会随身携带一个录音机，这样当我灵光一现的时候，我就能马上把我的想法记下来。我记得巴克莱银行（Barclays）董事长的私人助理曾经说过她经常因为想到第二天必须要做的事情而在半夜醒来，这时候她总会给自己的座机打电话，然后在答录机上留下留言。如果我手边没有便笺簿的话，我往往也会那样做，用我的免提电话给我的手机上的电话录音器发送录音。

据说，在阿尔法状态和西塔状态之间可能还存在着一个区间，在这个区间中，人们可以获得"尤里卡时刻（顿悟时刻）"的体验。这种体验曾经被爱因斯坦用来描述他发现相对论的经过，也被叫作深度睡眠。

德耳塔状态

如果你兴趣，最后应该了解的状态就是德耳塔状态了。这个状态是脑波速度最慢的状态，是一种深度的、无梦的睡眠状态，在该状态下的脑波频率是最低的。

德耳塔状态以下，你就没什么好担心的了。如果你的大脑没有脑电波了，那你就完蛋了，那也就没什么可以讨论的了。

重要提示！

身边一定随时要携带一个便签簿、笔记本或者电子录音设备。创造性的思维往往是无心插柳柳成荫的。

"隔夜思考"

说来也奇怪，当我第一次听到这种理论的时候，其实我是怀疑的。

我曾经在书中读到，保罗·麦卡特尼（Paul McCartney）①总是在床头放一本便签簿，如果半夜的时候脑中响起一段新的旋律，他就醒来记录。他把这种行为叫作"炒鸡蛋"，他觉得这种旋律是他爸爸曾经演奏过的老式爵士乐旋律。麦卡特尼把这段故事讲述给约翰·列侬（John Lennon），于是他们把这段曲子的名字改成了"昨天（*Yesterday*）"。《昨天》这首歌成了在过去50年间被广为传唱并且大卖特卖的单曲之一。

无独有偶，滚石乐队的凯思·理查德（Keith Richard）也曾经明确意识到自己需要去捕捉那灵光一现的时刻。他在床头准备了一个录音机，有一天他小睡一会儿之后忽然醒来（他当时处于的就是阿尔法状态），脑海中响起一段和弦，这段和弦就是后来广为人知的《满足（*Satisfaction*）》一曲的旋律。

"隔夜思考"的做法有两大优势：

1. 这样做可以让你轻易地进入到阿尔法状态或者西塔状态。
2. 这样的深思熟虑可以避免让你由于一时的冲动而说出让自己追悔莫及的话来。

我还听说了另外两种方式，同样可以达到创造力最高的状态：

1. 躺下，眼球上翻以求放松。
2. 舌尖顶上颚。

当我正在思考、学习如何进入创造性思维状态的时候，刚好在迈尔斯堡参加一位讲师的演讲。于是在那段时间里，我拜访了托马斯·爱迪生（Thomas Edison）②的凉亭，他曾在这个凉亭当中获得了很多的灵感。爱迪生曾经一天打瞌睡五次，通过这种方式，他能够躺下进入阿尔法状态或者西塔状态，在这两种状态下，创造性思维就大量涌现出来了。他把他的所有奇思妙想全都记录在

---

① 译者注：保罗·麦卡特尼，英国音乐家、创作歌手及作曲家，大英帝国最高骑士勋章的拥有者。

② 译者注：托马斯·爱迪生，美国著名发明家。

书中以及便签簿中，因为他知道，一个人必须懂得在好点子光临的时候及时地记录下来。

曾经有人质疑爱迪生是个疯子，说他永远不可能发明靠电力工作的灯泡，他说："我找到了一千种不能发明灯泡的失败方法，这就说明我朝我的目标前进了一千步。"

顺带一提，亨利·福特（Henry Ford）[①]也曾在爱迪生的隔壁建造了凉亭，为的是从这位伟大的发明家身上学到一些东西。有些人把这种行为叫作思维模式模仿。爱迪生名下的专利数量几乎比世界上任何人都多。

曾经有人对福特说，他设想的那种批量生产的黑色汽车不会有市场的，而福特却说出了一句被后世广为流传并无数次引用的话："无论你觉得我有没有可能成功，无论你觉得我有没有可能失败，你都有可能是对的。"

表情字符

一图胜千言。

如今，越来越多的人在使用电子邮件以及即时通信软件。在聊天文字后面使用表情符号往往能够使你的表达更加柔和，易于接受。"我们需要一个更优惠的价格（笑脸）"这样的表述就会让原本看起来有些生硬的要求变得不那么生硬。研究表明，信息的接受者的感觉直接决定了他们对电子邮件的回应与反应。

由于电子邮件是一种单向的沟通形式，我们不能够在对方做出回应之前去关注对方的语音语调以及肢体语言，所以我们发电子邮件也就等于是冒着被误解的风险。

在你按下发送键的一瞬间，你可能就已经注定要被对方误解了，所以最好在发送之前停下来好好检查一下你的邮件。如果你是在谈判语境下给你的客户发送的这封电子邮件，那么我向你推荐以下几种安全防护措施：

1. 请在写邮件草稿的时候，把收件人邮箱写上自己邮箱的名字，这样会避免你不小心按下发送键把半成品发给对方。

2. 在发送电子邮件之前，最好把邮件打印出来，并且小心阅读一遍。很多人都发现，当一封邮件以纸质形式打印出来的时候，就可以很容易理解对方接到

---

① 译者注：亨利·福特，美国福特汽车公司创始人。

邮件之后的感受了。

　　有时候我的专业客户们会跟我说："德雷克，使用表情符号会让你显得不够专业。"我这时候都会反过来问一句："是吗？"我们这个时代日新月异，交流方式也在飞速变革之中。我们需要让对方了解到我们所传达的信息，我们要确保自己的信息以最合适的方式传达出去，这一点至关重要。如果那些千奇百怪的表情符号能够有所帮助，那它们就是好的。毕竟，与我们在最近的一段时间里越来越多地使用即时快速的电子邮件相比，我们曾经在过去的几十年时间里花费更多的时间与人们进行面对面交谈、打电话沟通以及写信沟通。然而，当我们在使用法律术语进行邮件沟通或者从契约的角度去构思一封邮件的时候，这些表情符号就应该避免使用了。

图 10.4　玛格丽特·撒切尔：一个新的幻觉

图片来源：汤普森·P的《玛格丽特·撒切尔：一个新的幻觉》，《洞察力》杂志 1980 年 9 月第 483-4 号。

　　这幅图画说明了我们的头脑如何曲解信息并得出可能是错误的结论。

　　当我们在谈判的时候，我们需要收集到一切可用的信息。在上面这幅图画中，作者将玛格丽特·撒切尔的眼睛和嘴画反了方向。然而，当你把整幅画面倒过来看的时候，反而会觉得很正常。只要你把图片再上下调过来，就会发现图片看起来有多奇怪了。

当你在谈判中非常热衷于达成某一特定目标的时候，你往往更倾向于看到你自己想要看到的内容，而不是谈判中局面的全貌。

要点回顾:

· 在以下领域提升自己的知识和技能，将会帮助你在谈判中取得更大的成功。

· 请注意观察身边发生的事情，这将会为你的谈判增色。

· 调整你的感知灵敏度，你的"雷达"，也就是你的直觉。

· 利用你的大脑快速跟踪业务，你可以使用诸如二八法则、速读技巧以及思维导图等技巧来帮助你为谈判做好准备工作，并在谈判中争取更大的成果。

第十一章　解读肢体语言

在本章中你将会学到：

为什么肢体语言在谈判中如此重要。

如何识别那些无声的讯息，如何通过察言观色，洞察对方的内心想法。

如何巧妙安排自己的肢体语言，以此给对方留下良好的印象并向对方展示出积极的信号。

在谈判中如何更好地做出判断：你需要熟悉各种肢体语言所表达的含义。

引言：

在谈判中，解读肢体语言是你能否做出正确决定的关键因素。

重要提示！

对身体语言的解读既可以说是一种直觉，也可以说是一种常识。但是这种"常识"却存在一个问题：所谓"常识"，其实并非人尽皆知。

通过解读人们的肢体语言，我们可以窥见人们的内心，知道他们在想什么，知道他们真正想要表达什么。其实解读人们肢体语言并不难，但是大多数人却往往忽视肢体语言，只把注意力放在口头表达上。

你也许已经意识到了，观察人们的肢体语言往往是一项需要刻意而为之的技能。

一般来说，解读肢体语言是一项需要右脑来完成的任务。而我们的潜意识往往非常善于捕捉这些肢体信号。一般来说，当我们的注意力集中在数字、数据、聆听、思考下一步应该做什么或者寻求某个问题的答案这种事情上时，我们往往更容易忽略掉这些信号。

在谈判中，非常重要的一点就是要去观察、解释并且核实对方的非语言信号，确定我们收到的这些信号与对方的语言是否相符。人的身体与思维是不可分割的，所以我们的心里的所思所想，都会以这样或那样的方式呈现在我们的微表情当中（就是那些细小的表情，常出现于面部，我们往往并不会去注意到这些表情）。

从前有一个醉汉在酒吧里说：

"我的狗会玩儿扑克牌。"

酒保问他：

"那它玩儿得好吗？"

醉汉回答："不好——这家伙简直烂得没救了。每次它一拿到好牌，就会摇尾巴。"

这个故事告诉我们；

在谈判中不要做出类似于"摇尾巴"这样的动作——你是否能够真正做到喜怒不形于色？

关于肢体语言的早期研究

沟通技巧的影响到底有多大？关于这一点，早期的研究发现了一些小结论，可以帮我们认识到人们是如何接受并破译对方的信息的：

人们在说话的时候所传达出的信息，其中只有7%是包含在文字本身当中的，就是所谓的"字面意思"。

而与此同时，有38%的信息是包含在说话的语音语调中的，也就是说话的语气。

还有55%的信息是包含在无声的语言信号中的，这就是所谓的肢体语言。

在最初的研究之后，人们又对此进行了大量的各种各样的研究和分析计算，得出了不同的数据。然而，我们发现大多数的书籍所引用的还是上面所提到的这几个数字。

就我个人来讲，其实我并不关心具体的数据是多少，因为这些数字最开始的目的是为了告诉人们肢体语言在了解谈判进程中的重要性。就算我们承认，在交流中语言文字信息的比重也绝对远远不止7%那么少，但我们还是能够明白，肢体语言仍然至关重要。

正因如此，当我们在参加一场复杂而又关键性的谈判的时候，我们得到的超过半数的信息其实都是用眼睛看见的而不是用耳朵听到的。如果我们关注那些看得见的信号，那么我们就会减少被对方误导的可能性。

据说，只有 1% 的人能够真正熟练地关注并破译对方的肢体语言。然而研究表明，我们所接受的信息当中有相当大的一部分并非来自"字面意思"，而是需要我们从其他方面去寻求的。

重要提示！

肢体语言一般来讲并不会被人们刻意捕捉，除非我们接受专门的训练，让自己对肢体语言养成刻意关注的习惯。

如果你能够加强自己的警觉意识并及时发现对方"编故事"的信号，那么你将会大大提高自己的谈判水平。

为什么我们在谈判中往往会忽略掉肢体语言

· 我们的大脑往往需要过滤掉许多信息，其中就有大量的视觉信息。

· 我们发现利用左脑去关注对方所说的话中的逻辑内涵似乎相对容易些。

· 我们在谈判讨论的过程中往往会变得紧张、有压力，这也就让我们处于紧绷的状态，不能够充分使用右脑来观察并解读对方的视觉信号。

· 我们很懒。

· 我们往往对于解读并破译信息的传递方式缺乏足够的重视。

如何解读肢体语言

当我们专注观察单一的信号的时候，往往就会误入歧途，想要得到全面的信息，一定要综合考虑一系列的信号才行。举个例子，当你看到一个人抱着胳膊，这并不一定意味着这个人处于防卫姿态——可能他们只是在外人看起来处于防卫姿态，但是他也很可能仅仅是感到冷而已，或者他是在思考一些与当前的谈判内容完全无关的东西，只不过思考的方式略显消极罢了。

我曾经与一个顾客进行过谈判，这位顾客在一般情况下都是待人和善友好的。然而在某次特定的场合中，他竟然全程都抱着胳膊，看起来非常不友好并且心不在焉。

我们事后给这位顾客打电话，询问我们是不是在会谈中做了一些错误的事情，以至于让他感到不舒服了，如果真是这样，我们深表歉意。"不。"他有点儿窘迫地回答道，"我那时候刚刚跟我的领导讨论了年度评估的事情，他竟然给了我D级评价。我很生气，在与你们的会议中就不由自主地想到这件事。"

注意！

肢体语言确实可以反映一个人的内心思考，但是那并不一定是对方想要向你表达的东西。

如果一个人抱起双臂，那么可能意味着这个人：

- ·感到冷。
- ·处于防御姿态。
- ·听到了不悦的信息。
- ·想到了与当前谈判完全无关的一些负面内容。
- ·感觉不舒服。

当一个人在陈述某事、提出问题或者叙述某事的时候，他在短时间内所流露出来的一组肢体语言才是真正重要的。

真正重要的是去寻找对方的信号群组。

比如在上面这个案例中，一个人抱起双臂并不意味着这个人采取防守态势或者对这次谈判感觉欠佳——他所想的完全是与会谈内容无关的东西。

不过，在谈判中，如果我们向对方提问："您是否还要继续讨论？"这时候客户却把身体后倾并抱起双臂，那么我们就可以相当确定地判断出这是一个消极的姿势，对方是对谈判本身反感了。

如果真的出现了这种情况，那么作为明智的谈判者，我们就应该敏锐地捕捉到这一点——然后根据当时的情境，要么见风使舵，要么委婉地对这一行为提出质询。

想要读懂肢体语言，需要将一系列的信号结合起来进行破译，我们赖以做出判断的信息包括如下：

- ·人们的外貌呈现。
- ·眼神交流与动作。
- ·面部表情。

· 手、胳膊、腿以及其他身体部位的动作。

· 身体姿势。

· 空间位置。

我们在第七章关于第一印象的讨论中，已经介绍了关于个人的外貌呈现的一些内容。然而在这里我们还是要介绍一些值得注意的事情：

服饰/着装——你需要用适当的着装让自己看起来像一个更加专业的谈判者，外表越专业，在谈判中就会拥有越多的影响力。不管你喜不喜欢这一点，但这就是这个世界的运行法则。

面部毛发——如果一个人有面部毛发比如胡子、髭须、鬓毛等等，那么给人的感觉是，他们的可信度就比不上那些把脸刮得很干净的人。因此那些刮脸刮得干净的人往往更容易通过谈判与对方达成协议。

然而在世界上的其他一些地方，人们往往习惯于留长发、留胡须等等。所以上面说的这一点还是要根据不同的文化背景谨慎判断。

头发——对于男性和女性来讲，一个时髦、简洁干练的发型都是谈判的良好开始。

整体外貌——指甲的修剪、小饰品以及首饰的佩戴应该得体并且与谈判的氛围相吻合。一些过于张扬的现代风格的珠宝首饰以及文身，要么避免，要么遮盖掉——不然的话这些东西会让你留下不可信任的印象。

重要提示！

有意识地观察肢体语言，这样我们才能在谈判的环境中对它们进行评估。理解肢体语言是我们做出正确决策的重要因素。

因为我们的思维和我们的身体是直接并紧密联系的，所以我们的所思所想往往会通过肢体语言呈现出来。

常见身体语言姿态

前倾：

前倾这一动作表明对方对你所说的内容感兴趣或者对你在谈判中的提议感兴趣。你需要判断对方感兴趣的程度，并且注意不要说太多话。如果你觉得对方对你的提议很赞同，这时候你可以问："请问您还需要了解什么信息吗？"

后倾：

一般来讲，在解决谈判中的重要问题时，后倾的身体姿态往往表露出对方对你的提议不感兴趣。这时候你需要做出与对方肢体动作相配合的行为，你也要身体后倾，并试图与对方重新建立沟通，找出对方有意见的点在哪里。

歪头：

这一信号往往表明对方在专注地倾听。我们可以看看动物在歪头的时候是什么情况。动物们往往在专心听你说话的时候会歪头，尤其是猫和狗这样做。

如果你歪着头，配合温暖的微笑表情以及良好的眼神交流，那么你将会增加自己的感染力并且与对方建立起亲密感。当你想要寻求对方的帮助以及合作之时，你可以使用这一动作。

在谈判中，你与对方建立的亲密感越牢固，你就越有机会去问一些平常难以发问的问题，因此也就更有机会得到优质的答案。

托腮：

手托腮、手肘支在桌子上，这样的动作往往表明对方已经出现了厌倦情绪。对方的这种动作越是明显，那么就表明对方的厌倦情绪越重。

在谈判中一定要注意这个姿势。如果你给人营造出一种不耐烦的感觉，那么对方就会觉得你对谈判本身不感兴趣，还更有可能得出结论认为很难与你达成一致。

手与脚的动作

把手放在桌子上：

把双手放在桌子上，这是一种开诚布公、友好和善的信号。这个动作表明此人感到很放松，并且思维开阔。一般来讲，当人们做出这一动作的时候，他们的手掌往往是张开的，除非他们手中握着什么东西，比如一支笔。

手掌张开往往能传达出真诚与开放的信息。政治家们无时无刻不在使用这一技巧。

双手搭成塔尖状：

在做这种手势的时候，人们的双手指尖相接触，双手手掌分开。这样的手势看起来比较像教堂的塔尖的形状，往往表露出自信的情绪。当你在谈判中看到对方使用这样的手势，请一定要小心。这时候就要向对方提问，以确定对方为什么会有如此的自信。这种自信是有理有据还是虚张声势？在纸牌游戏中，玩家也往往会根据"指尖成塔"这一手势来判断对方是否拿到了好牌。

当一场谈判进行到接近尾声的时候，情境往往变得很像纸牌局：这个时候时间已经不多了，可你仍然不知道对方手里握着什么样的牌，也不知道对方会使用什么样的计谋。

双手合十：

双手按在一起而不是搭成塔尖，这个动作会让你看起来像是在祈祷。

当人们做这个动作的时候，他可能是在为解决某个问题而寻求答案（很可能是求助于神灵）。所以，如果你也双手合十，那么人们看你的印象就是在求助。

在谈判场合中，人们如果双手合十，那么双手的位置往往比诸如宗教仪式等场合中的双手合十位置要低些——因为在人们的潜意识中，是不希望让别人看到自己有困难的。举个例子，人们往往不会把合十的双手放在胸前，而是会放在桌面上。

双臂交叉抱起：

如前所述，抱臂动作往往被人解读成是一种防卫姿态。这种防卫姿态的产生可以是因为这个人感到冷，或者内心回想起了消极的事物又或者他们是对你有负面的看法。如果你做出了抱起双臂的动作，那么你就应该清醒地意识到自己给别人传达出了什么样的负面信息。如果你打算给别人留下开放的印象，那就不要做抱臂动作。

双脚交叉：

双脚交叉这个动作同样属于防卫动作的一种。这个动作或许并不像抱臂动作那样明显，但是它却表达了同样负面的潜在含义。我曾经有一次在谈判中注意到某个双脚交叉的人仍然有进一步退让的余地，自那以后，我就一直在通过实地观察或者摄像等方式注意观察这一现象，结果证明确实如此：那些双脚交叉的人，有百分之九十五都还有进一步退让的余地。

不过我还是要提醒一下，除非你的谈判桌是透明的玻璃桌，否则你是很难看到对方的双脚交叉动作的，毕竟是在桌子底下。

双腿交叉：

类似于双脚交叉，也是一样的防卫动作。

摸搓后颈：

这表明眼前的人或者眼前的状况让他感到不快，如鲠在喉。

重要提示！

"你真让人头疼！""你个眨眼的骗子！"这些古老的说法流传了数百年，它们还是有一定道理的（肢体语言和感受与人的内心活动确实有关）。

理头发：

如果你在谈判中发现对手抬起手，往下顺了顺自己的头发，那么以成年人的眼光看，这意味着对方不知道接下来要做什么了。

摸下巴：

摸下巴的动作说明一个人正在对当下的局势或条件做出评估。

在谈判中，如果你的客户做出摸下巴的动作，那么你需要静观其变，看看对方接下来会有什么举动。不要试图去干扰他们的评估过程。

如果对方此时身体前倾，那说明你刚才所说的内容已经吸引到了对方。如果对方身体后倾并且抱起双臂，那说明你还有很多的努力需要做。

在这个时候，一旦你找到了对方所反对的点所在，你就可以配合并模仿对方的肢体语言。

用手护住喉咙 / 喉结：

喉咙是我们人体第二个最需要保护的地方，尤其是喉结。如果你看到有人用手护住喉结（这也往往是常见的动作），那么这个人一定感到自己受到了威胁。我在很多场谈判中，我曾经多次见到这个动作。我们需要弄明白的一点是：对方所感受到的威胁，到底是来自我们自己，还是来自对方所面临的困境。或许在对方看来，一旦他与我们签订了协议，那么他将无法向自己的伙伴们交差。如果我们最终发现事实是后者，那么我们可以给他一点时间来给自己的伙伴打电话做出合理的解释。

把手藏起来：

如果在谈判中对方的手藏在了我们看不见的地方（比如说藏在背后或者藏在桌子下面），那么你应该立刻警觉起来了。他们是不是在刻意隐瞒什么东西？在有些更为危险的情况下，我们甚至可以怀疑对方是不是携带了武器，例如一把枪或者一把刀。我曾经亲身经历过一场面红耳赤、剑拔弩张的谈判，当时我甚至真的想到我可能会受到身体上的攻击。对方急红了脸走到我跟前，我注意到他的手是紧握着的，于是我非常迅速地后退，然后看见对方的手里握着一支笔。

在你拿笔的时候，请务必小心。因为人们往往会做出用笔指指点点或者拿着笔四处挥舞的动作，而全然没有意识到这样的动作在他人看起来是非常吓人的。所以当你拿笔的时候，一定要注意自己的动作。

脚尖的指向：

一个人的脚尖往往指向的是他接下来想要去的地方。所以，如果你在与人站着进行谈判的时候，发现对方的单脚或双脚脚尖指向的是门的方向，那么你就应该意识到对方是在考虑撤出谈判了。要么你们的谈判时间已经所剩无多，要么你并没有抓住对方的兴趣点。

面部动作

微笑：

真诚的微笑表情是从面部上半边先开始呈现的，而不真诚的微笑则是面部下方肌肉先动。

如果你在谈判之前是孤身一人，感到比较紧张，这时候可以给自己一个微笑来缓解压力。当然，这时候最好不要让别人看到，否则别人会对你产生错误的第一印象。

皱眉的动作是很累人的，这个动作会用到大约 72 条肌肉，但是微笑的动作则只需要用到大约 14 条肌肉。

在一场紧张的谈判中，恰到好处的幽默能够打破僵持的局面。但是需要注意，这种幽默一定要拿捏得当并且时机适合，否则的话，将会产生非常严重的反效果。

人们在感到沮丧的时候或者生病的时候，看一看、听一听搞笑电影以及喜剧，会感觉轻松许多，并能够加快康复的速度。人在微笑的时候身体会释放血清素，这是一种非常有效的神经递质，可以让我们感觉舒畅。

重要提示！

如果你对一个人微笑，那么正常情况下对方也会报以同样的微笑——这就会让人心情舒畅。而同样的现象也发生在打哈欠的时候。如果你打哈欠，那么一般来说你身边的人也会跟着打哈欠。这个规律对于帮助我们建立亲密感是非常有用的。

皱眉：

这可能是一种表达不同意的肢体语言，而这种肢体语言在谈判中往往得不到足够的重视。

点头：

你可以使用点头的动作来获取对方的认可。当你在提出一个问题或者做出某种陈述的时候，通过点头的动作可以让对方更容易说出肯定性的答复。如果对方也跟着点头，那就说明这一技巧奏效了。

摇头：

当人们摇头的时候，你就需要注意了。如果你发现有人说着肯定性的话语，但却是摇着头说出来的，这时候很可能对方是在说假话，他们其实是怀有否定意见的。

低头而不是直面对方：

当我们看到孩子们垂头丧气的时候，会告诉孩子们要抬起头。只有那些被打败的、情绪消极的人才会低头。所以想要营造积极而自信的形象，你需要抬起头来直面对方，当然，这时候你的头应该与你的视线保持九十度的夹角为宜。

眼睛：

眼睛一定要睁开。要使用余光去观察，这样你就不会显得紧盯一处，同时也可以顺便观察其他人在做什么。要放松面部肌肉，稍微分散聚焦的视线，要稍微扩大自己观察的范围，这样你就能比平时注意到更多的细节。

眼神交流：

交谈中注意与对方保持频次适当的眼神交流，这一点是非常重要的：一方面足以建立联系，一方面可以营造融洽感。眼神交流不要太多，太多了会显得咄咄逼人；也不要太少，太少了会显得诡计多端而不值得信任。你只需要一点点练习，就可以在谈判中轻易做到这一点。俗话说得好，眼睛是心灵的窗户。人们之间的交流往往是通过眼神交流来完成的，所以眼神交流的缺乏就会造成信任感的缺乏。

揉眼睛：

当我们感到疲惫、想要睡觉的时候，我们就会揉眼睛。类似地，当我们不喜欢眼前看到的东西，我们也会揉眼睛。

眼镜：

在交谈中，人们往往会看你的眼睛，这是非常重要的一点。所以一定要注意避免戴反光眼镜，甚至连深色的眼镜也不要戴，因为戴这样的眼镜会让你看起来更加不值得信任。

有些销售公司甚至禁止员工戴任何形式的眼镜，因为眼镜会遮盖瞳孔，哪怕一点儿也不行。

有时候你所佩戴的眼镜的类型会让你看起来更有威严，比如说大黑框眼镜。

从眼镜的上方看人，或者把眼镜摘下来再戴上，这样的动作会让你看起来更加有威严。

视觉引领物：

所谓视觉引领物，就是指你在谈判中用手指或者某物引领对方的注意力，使之集中在合同条款或者展示内容的某一重要部分之上。

眼镜、铅笔以及指示棒往往可以起到这一作用。

你可以将这些物品举起，并且移动到你希望对方特别注意到的地方，通过这种办法可以和对方进行眼神交流。

凝视：

凝视的眼神往往以目光的向下移动为终结。这一点是出于直觉的。然而如果一个人的凝视最后结束的时候不是向下看而是看向别的方向，那么这个人就会显得不够真诚。

重要提示！

当你对着一组人说话的时候，要确保你的目光在每个人身上都有一定的凝视停留。

· 商业谈判者的凝视——要保持你的凝视点在对方的鼻子上方，与对方的双眼呈三角形。这样的眼神会让你传达出一种职场化的信息。而保持这样的眼神则会增加你的控制力。

· 社交中的凝视——当你的凝视点落在对方双眼的水平线以下的时候，就可以营造出一种社交氛围。社交凝视的凝视点往往落在对方的眼睛和嘴之间，与双眼和嘴角都呈一定的角度。一旦谈判双方已经建立起了融洽的关系，那么这种凝视对于谈判之外的交流是有好处的。

· 亲密关系中的凝视——这种凝视的目光可以扫过对方的双眼，一路向下看到对方的胸部，甚至还可以看向更低的地方！这种凝视在商业谈判中是不能使用的。

重要提示！

请注意，当我们感到紧张的时候，往往会通过我们的双手或者双脚的动作显露出来。

权力姿势

身高：

如果别人都在坐着，那么你一定不要站着，除非你是故意想要支配对方或者恐吓对方。高度是一种非常具有支配性的信号。

不要坐高背的扶手椅。曾经有这样一张经典照片，记录的是一场著名的谈判，谈判中巴勒斯坦领导人亚西尔·阿拉法特（Yasser Arafat）坐在一张较高的硬木椅子上，而美国大使坐在一个柔软、低矮的沙发上。

高背扶手椅会限制你的身体手势，也就限制了你发出一系列肢体语言信号的能力，这也就会削弱你的自信。

除非你是故意在使用权力操纵策略，否则请控制自己的高度。

如果你身材比较高，而对方身材比较矮小，你就应该尽快找机会坐下，这样对方就会感到平等。我曾经与霍利共事，她是一位 31 岁、身材高挑的女性。她曾经代表乐购公司（Tesco）、赛恩斯伯里公司（Sainsbury's）完成许多场谈判。我曾经向她咨询如何处理身高差异的问题。

得到的答案是：当你需要获得身高优势的时候，就充分利用身高，而当你想要与对方建立融洽的关系时，就要尽快找机会和对方一同就座。

对于建立平等关系来讲，最佳的身高对比是以眼睛的高度来衡量的：要高度一致、平起平坐。

恐吓：

在债务危机爆发之后，我曾在一家贷款重组机构工作。当时同事中有一位非常成功的谈判者名叫迈克。迈克曾经让银行的理事们在疑虑重重的情况下依然与他签订了协议。每当主持会议的时候，他总是会从座位起身，在会议室里来回走动，并且站在别人身后说话。他曾告诉我一件奇怪的事情：当他绕到人们身后的时候，只有在极少数的情况下，人们会故意遮盖住会议笔记，而这些会议笔记中往往记载着对方的谈判定价——那是他们在参加银行谈判之前就已经内部商定了的。他经常会利用这个机会去读对方的会议笔记，并记下其中内容。用他自己的话形容，当他需要"协调各方"达成统一意见的时候，他就会利用自己所做的那些记录了。

起立——权力、控制力和自信力：

无论是在谈判中还是在谈判进行之前，如果想要让自己展现出自信的姿态，你只需要站起身，或者上身坐直、肩膀向后张开就好了。当然，想要进一步展现自信力，你也可以选择起立并且肩膀张开。

当你挺胸昂首而立的时候，是不可能感到沮丧或者虚弱的。所以，即便是在打电话的时候，站立的姿势也可以发挥功效。

每当我在给重要的客户打电话的时候，我都会保持站立姿势，因为这样会让我听起来更加自信。

空间：

也就是距离的力量。进入别人的私人空间之内，这可以被视作是一种霸权的举动。你应该尊重别人的私人空间。

当我们在考量私人空间的时候，往往有四种距离标准。而根据谈判的不同场合条件，我们应该尊重另一方的私人空间。

有些人可能会对这些空间距离进行微妙的操作，用以帮助加速双方建立温暖、共情的谈判关系。而相反方向的操作得到的结果则是快速营造正式性、权威、强势与地位感。

那么这四种空间距离分别是什么呢？

1. 亲密区间——这一区间距离是 15-45 厘米。人们会像守卫私人财产一样守卫这一区间，只让感情上亲近的人进入这一区间。

2. 个人区间——这一区间距离是 45 厘米到 1.3 米。这一距离是人们在咖啡机旁边或者在聚会场合中交谈时所保持的距离。

3. 职场区间或社交区间——这一区间距离大概为 1.3 米到 3.7 米。我们与陌生人交谈时，往往保持在这一距离，也就是一臂之隔。

4. 公共区间——这一区间距离超过了 3 米。当你对着一群人说话时，保持这一距离是舒适的。

男性和女性

重要提示！

当你试图与对方拉近距离的时候，要注意到男性和女性所偏好的拉近距离方式往往是有所差别的。

绝对不要和陌生的男士正面相对而立，绝对不要和陌生的女士肩并肩而立。

接近一位女性，你应该从正面直接接近。而接近一位男性，你应该从更加侧面的方向出发，逐渐绕到对方的面前。

以上的两条建议能够帮助你在谈判中取得一个良好的开端。

在各种谈判中需要注意的其他非语言交流要点

圆桌而坐:

历史上的亚瑟王当初选择圆桌会议的方式是明智的,因为圆形的会议桌能够让与会者更加愿意团结协作,让他们无论是从表面上还是从情感上都更加倾向于创造一个合作共赢之局。

不要坐在别人的正对面,因为这样会让你们的谈判看起来像一场非胜即负的、对抗性的"零或一"博弈。

只有当交谈的双方对于彼此具有身体上的吸引力时,正对面而坐的方式才不会具有对抗性。这已经超出了本书所要讨论的范围,但这也是一种很有趣的谈判场合。

着装:

请牢记一点:在谈判中如果对方的着装相当随意,那么你也可以相应减去自己的着装。然而一旦你坐在谈判桌上了,想要给自己临时加一件衣服就是不可能的了。

一旦你去开会,发现自己穿得过多了,那么你可以脱掉夹克衫并且把衬衫的袖子卷起来。但是如果你只穿一身牛仔裤 POLO 衫就去开会了,那么你就无法调整自己的服装了。

最近,我在家中的办公室里通过谷歌电话会议(当下也被叫作谷歌群聊)采访了美国的两位顶尖的演说家。我故意挑选了一套西服并打上了领带,为的是营造出一个好印象。我知道两位受访者中有一位是非常懂得穿衣之道的,所以我应该在着装方面与她达到相同水平才可以。

高跟鞋挖洞:

在很多时候,我们能看见女性的高跟鞋深深扎进地毯之中,正因如此,人们对高跟鞋产生了这种印象。

重要提示!

当你在与对方进行电话谈判交流时,一定要集中 100% 的精力去倾听对方所说的话中的含义,因为这时候你并没有任何的肢体语言可供参考。

建立与对方的亲密感

人们更愿意付钱给自己喜欢的人

人们更容易被自己喜欢的人所影响与劝说。正因为在人们的交流中，百分之五十五的信息都是由肢体语言传达，所以从视觉角度营造亲密感就成为与对方寻求协调一致的最便捷方法了。

如果你想要达成一场合作共赢的谈判之局，那么你就应该尽可能地与对方达成相似性。

可以选择与对方相似的职场风格的着装，以一种微妙的方式去配合对方的动作。你要去了解对方的兴趣爱好，这样就能够与对方有话可聊。

仿效心理——模仿、配合或动作呼应

关于这一命题，人们已经进行了大量的研究，这些研究成果从心理学著作到哈佛商学院或其他杰出机构的科研作品，不胜枚举。

人们往往倾向于模仿别人的穿衣风格，并且还会学习对方的肢体语言习惯，这种思维倾向也能在爬虫类动物的大脑中找到。模仿是一种根深蒂固的、自从爬行动物时代就已经存在的拟态原则，换句话说，就是去复制、模拟或学习某一种行为、姿态或动作。人们的这种模仿倾向包括一些冲动倾向，例如当身边的观众鼓掌的时候也想要跟着鼓掌，或者当身边的人打哈欠的时候也想要跟着打哈欠等。

仿效心理指的是人们的一种行为方式，人们倾向于在着装上接近他们的同僚，并且更乐于接受自己所崇拜的人或者高位者的信仰、习惯以及癖好。

与对方保持外貌上、行为上以及动作上的一致性让人们更容易被对方接受。表面上的相似往往意味着彼此的观点相同，这会让人有安全感。所以人们可以利用这一原理来建立亲密感——我们可以通过微妙地模仿非语言交流，尤其是音调模式以及眼神交流模式来实现这一目的。

在这一基础上，所有的人类行为往往都呈现出同步性和节奏性的特征。

我们可以利用上述规律，帮助我们在谈判中达成合作共赢之局。

接下来我们就要开始模仿对方的话语了。如果对方使用了某些特定的词语，那么我们也应该使用同样的词语。我最近遇到一位客户，她喜欢使用"接收"这个词——这表明她是一个听觉型的人，喜欢使用听觉型的词语。所以我在谈话中也向她重复同样的词作为反馈。我强调我们将会让他的员工"接收"到最佳的谈判技巧训练。

重要提示！

请在酒吧或其他公共场所仔细地观察人们。

找一找那些彼此之间建立了亲密感的人们，你就会发现，他们双方都在不自觉地模仿对方的肢体语言。这确实很有用。但是请一定要注意，这种模仿是细微的、无意识的模仿，而不是刻意为之的邯郸学步。

在非业务场合利用肢体语言产生积极影响

检验一下你的晚餐约会进展如何

想要测试你们之间的亲密度？可以把酒杯向前挪动试试。在餐桌上，把酒杯从你的这一边挪向对面的方向，然后观察对方对此做何反应。如果对方因此而感到不安，那就说明你还需要进一步努力营造亲密感！

观察对方的瞳孔

如果某人被你所吸引了，那么他的瞳孔就会放大到 8 倍之多。这一点观察与上面所讲的酒杯测试一同使用，你就可以准确测试你们的谈话进展。严格地说，在纸牌游戏中抽到了好牌、在谈判中得到了好的报价以及其他各种类型的兴奋的事情都会起到类似的效果。

有证据表明，在 19 世纪，夜间工作的女士使用一种叫作莨菪的药剂，这种药是从一种以毒性闻名的茄科植物身上提取出来的，它能够让使用者的瞳孔放大并因此看起来更具魅力。

还有一种药剂叫作毛果芸香碱，可以让人的瞳孔缩小，这样你看起来就更加咄咄逼人。曾经有人告诉我，他认识一个人，每当在去参加谈判之前都会服用这种药剂。尽管他一再告诉我这是真的，但我还是觉得这件事难以置信。

在动画片里，小鹿斑比的卡通形象有着超大的瞳孔并且看起来楚楚动人，而邪恶的女巫则有着一双小小的豆豆眼。

给自己的魅力适当加分

当今社会，我们可以使用隐形眼镜让自己的瞳孔看起来更大，也可以用隐形眼镜把眼睛的颜色变成浅蓝色或深棕色。

躲过超速罚款

15 年前，曾经有人教会我这样一个小计谋用来躲避超速罚款：如果你运气不好，在公路上刚好被交警拦下来了，那么你可以下车，朝交警的方向走去，尽量降低自己的高度，在道歉的时候保持双手张开。据说这样的做法能够减少被罚款的概率。

注意！

在当今社会，一切都变得戾气深重。在这种环境下，警察可能会觉得你走近他的行为是具有威胁性的，而不是像以前那样把它接受为一种寻求原谅的安抚行为了。

餐厅服务员

研究表明，在餐厅的服务员中，那些在上菜的时候降低高度，并且在帮助客人点菜的时候触碰对方肘部的服务员，往往能得到更多的小费。

总结：

·注意对方的表达一致性——分析与对方话语对应的肢体语言。如果对方的肢体语言信号与他所说的话并不一致，那么你就需要对先前接收的信息进行重新考量了。你可以故意提一个与刚才话题相类似的问题，然后观察对方做出的反应以及发出的附加信息。

·提高警觉性——如果你发现对方所传达的两个信息是互相矛盾的，那么就可以判断对方是在说假话。

·请注意在全面观察的基础上做出判断——不要以偏概全。在整个谈判进行的过程中你都要观察对方的肢体语言，并且直到谈判结束也不要限定结论。

重要提示！

随行携带一位观察员，帮你观察对方的肢体语言。我常常建议人们在参加重要会议的时候带上一名观察员，他唯一的任务就是观察对方的肢体语言，并对会议做出最为直觉性的感知。

因为观察员并不需要参与到谈判过程当中来，所以他更能够以一个旁观者的姿态，去关注会议室内人们的肢体动作和语言表达。在会议的间歇期间或者休会期间，一定要向观察员询问意见，以便继续进行接下来的会议安排。这种会议中的间歇是一定要有的，因为你需要和观察员讨论刚刚所观察到的东西。

如何提升自己判断肢体语言的技能

想要提升自己判断肢体语言的技能，你可以到咖啡厅里、火车上、机场里或者酒吧里去观察人们的交流，看看你是否能够在第一时间从他们的交流当中领悟到什么。当你真正放松自己，用心观察的时候，你会发现这其实是很容易的一件事。

还有一个办法：你可以把电视机的声音调到最小，然后在静默的状态下看上15分钟——你会惊讶于自己的理解力水平。尤其是当你在把电视调成静音的情况下观察政客们的演说等活动，你所看到的信息量之大绝对会令你惊讶。

曾经有一次，在某项贷款协议的再融资谈判中，一家跨国电视公司的财务主管受到质询，问他们公司能否在贷款期满的时候付清贷款。这位财务主管说他们能还上，但是与此同时擦了几次鼻子。

当人们对一件事情心里并没有十足的把握，但还要装出信心满满的样子时，他往往会感到鼻子周围的敏感部位发痒，所以就会不自觉地去擦鼻子。

当你看到对方擦鼻子的动作，你就要小心了。这时候你可以把刚才的提问换一种方式再问一遍，看对方的反应再做决定。

这个故事告诉我们：

对方在回答你的问题时，你不仅仅要听对方所说的话，更要看对方的肢体语言，然后再去做出判断。

如何管理自己的肢体语言

在重要的场合中，你需要清楚自己的肢体语言会传达给对方什么样的信息。否则你可能会遗漏掉非常重要的信息。

正确做法：
· 保持中度自信的姿态
· 双手张开放在桌子上
· 上身坐直

· 对别人说的话表现出兴趣

· 当你感到尴尬或者有压力的时候，就做笔记

错误做法：
· 看起来心不在焉
· 表现出过度的热情
· 表现出不耐烦
· 抱臂
· 会议中间看邮件
· 坐立不安
· 使用消极的面部表情
· 表现得没精打采

可以通过以下途径表现得自然：
· 倾听
· 点头
· 保持开放

在谈判中，你可以通过记笔记的方法让自己有意识地去关注自己的肢体语言。如此，在经过了多次的会议之后，你就可以在不经意间注意到肢体语言了，根本不用再刻意去提醒自己。

注意！

研究者们发现，如果你想要用肢体语言上的伪装去掩饰自己的真实意图与想法，其难度远远大于话语上的伪装，前者的难度是后者的 5 倍之多。正因为如此，那些职业的"骗子"们，例如政客和律师，都会接受大量的专业训练以掌握伪装肢体语言的技巧。

权力姿态——在未做到之前，假装自己能做到

关于肢体语言与谈判这一方面的话题，你能够在互联网上找到大量的技巧指南。

曾经有这样一场 TED 演讲（TED 是一家机构，他们致力于传播思想，往往采用短小有力的演讲的形式），它是由哈佛大学的一位心理学家艾米·卡迪（Amy Cuddy）讲授的。我强烈推荐读者们看一看。艾米·卡迪在 2014 年被瑞士达沃斯世界经济论坛授予全球青年领袖头衔。

由于事物对人的心灵和身体的影响几乎是瞬时产生的，所以艾米向人们证明了当人们使用权力姿态时，只需要两分钟的时间就可以真真正正地增加一个人的自信心。她的演讲向人们传达出的信息就是：在你真正做成某事之前，请假装自己真的能够做到。

其实操作方法很简单，就是找一个安静的不被别人看到的地方，然后把双手放在髋部上。在短短两分钟的时间里，维持这个动作就会让你的睾丸素水平上升，并让皮质醇水平下降（睾丸素和皮质醇分别是积极和消极的激素）。想要了解更多，请访问：http://www.ted.com/speakers/amy_cuddy。

重要提示！

磨炼你的感知，唤醒你的警觉。你将会在交谈中观察到更多的有用信息。

"你无法决定自己抓到什么样的牌，所以真正重要的是如何打好手中的牌。"

——阿尔文·劳（Alvin Law）

我的朋友阿尔文·劳是一位励志演说家。在 1969 年，他的妈妈在妊娠期服用了处方晨吐药剂萨力多胺 ①，因此他天生没有双臂。

要点回顾：

· 真实的信息往往隐藏在非口头言语的信号当中。

· 在交谈中，我们需要去理解的是对方口头语言与肢体语言的结合体。

---

① 译者注：萨力多胺，一种安眠药，镇静剂，妊娠期妇女服用后会使胎儿畸形。

·人们都会观察。你可以在火车上、在咖啡馆里、在酒吧里观察人们。只要你坚持观察，就会提升自己的技能。

·如果你对一个人说的话并不是十分相信，那么请注意他的肢体语言，那可能比他的口头语言更加真实可信。

第十二章　一眼看穿对方在说谎的技巧

在本章中你将会学到:

为什么识别人们在撒谎时的肢体语言能够让你在谈判中变得更加敏锐。

视觉欺骗与语言欺骗的一些关键参考项。

当对方发出的信号让你感到不安的时候，你可以提问一些典型的确认问题。

聪明的谈判者能看穿谎言

重要提示!

在做决定之前，你能够掌握、解读的信息越多，你做出的判断和决定就越明智!

在谈判中，人们总是会撒谎的，所以注意到一些特定的标志以及信号，将会让你成为更加出色的谈判者，也会让你的谈判取得更好的结果。

在本章中，我们将会详细讨论一些最常见的欺骗姿势，这样当你们在今后看到或听到这些欺骗信号的时候，就可以保持警惕了。

观察对方的眼睛是识破谎言的重要方法，然而还有很多方面可以用来识别对方的谎言。

欺骗的形式是多种多样的

识别最基本的谎言信号有助于你的决策、时间的规划以及商业关注点。

当人们在撒谎的时候、不舒服或者紧张的时候，这种压力感会通过肢体语言表现出来。

重要提示！

在谈判中，为了求得真相，打破砂锅问到底，这是非常重要的。

道德标准

每个人都有自己的道德标准，我们只有在和一个人做生意达到一段时间之后才能够真正了解到这个人的行事风格。

有的人把在谈判中撒谎看作是一件理所应当的事情。

有些人从经济学的角度认为撒谎是可以理解的。当然，我还见到过很多人，在他们的观念中，他们很难相信人居然会在谈判中撒谎。

那么你的道德标准是什么样的呢

你的道德标准往往取决于你的生活背景、你的良知、你从小所受到的教育以及你的成长环境，当然还有你过往的人生经历。

曾经有人告诉过我说，在做生意的时候，你一定要做好对方跟你撒谎的心理准备：想要知道真相，只能靠自己去寻找。

有些人可能会觉得这句话有点儿骇人听闻。但是要知道，弄懂别人的心思、弄懂当前的局势并对其进行正确的解读，这本身就是谈判游戏规则的一部分。

正如我们先前所说，在商场上是没有那么多规则可供遵守的，正因如此，如果我们想要达成合作共赢的谈判之局，我们就必须确保对方与我们开诚相见。

注意！

请提高警惕，仔细甄别你所接收到的信息。有些谎言会对我们的职场决策甚至人生决策产生根本上的影响，对这种谎言，我们一定是很想识破的。

我们这里所要讨论的并不是那些生活中常见的、无伤大雅的善意谎言，比如像小小的阿谀奉承。我们要讨论的谎言，是那些事关一些具有本质性意义的信息，这些信息对我们的商业决策将会产生巨大的影响——这些信息将会影响到我们的最优定位（BP）、我们的目标定位（TP）、我们的撤出定位（WAP）以及我们的可选定位（AP）（参见关于谈判准备工作的章节）。

据报纸报道，有些人每天都要说出无数的谎言，但愿他们的谎言都是善意的吧。

人们可能会怎样撒谎

根据美国康奈尔大学通信系的一位教授杰夫·汉考克（Jeff Hancock）的观点，人们在通过以下几种通信方式进行沟通时，撒谎的比率各自如下：

电话——37%

面谈——27%

短信——21%

电子邮件——14%

以上数据表明，尽管在电话中以及在面谈中，人们更有可能撒谎，但是我们却能够有更多的机会去识破谎言，因为我们能够听到或看到对方话语中所表露出的微观或宏观的姿态。

如果我们在谈话之后再要求对方做出书面形式的确认，那么对方撒谎的可能性就更小了，因为他们知道一旦写下什么东西，它们就都是有据可查的了。

重要提示！

在谈判中识别对方的欺骗姿势是非常重要的。这有助于你提出更多的质询，并进而做出更加明智的决定。

欺骗的视觉信号

让我们来看一些比较常见的欺骗信号。骗子和说谎者往往会在一些自己意识不到的地方泄露自己的秘密。如果你能够及时发现这些信号，并提出进一步的质询提问，那么你就能够做出更加明智的决定。

手和脚的动作

如果对方的手和脚总是动来动去，那么你就需要提高一点儿警惕了，因为这是一种紧张与不真诚的信号。一个人的手和脚往往属于最难以刻意控制的身体部位。

用手接触面部的动作

如果一个人把手放在面部，那么对这种动作最合理的解释有两种，好的可能是对方感到不舒服，而坏的可能则是对方在撒谎。

注意!

如果你看到对方的手脚动作比往常更加频繁，这时候也要提高警惕。

请记住匹诺曹

匹诺曹每次撒谎的时候鼻子都会变长。当一个人对自己所说的话感到不舒服的时候，他的大脑似乎会发送信号，使得鼻子外面周围的敏感组织感到发痒。这时候人们就往往会不由自主地摩擦鼻子。不过比较奇怪的一点是，如果对方认为你或者屋子里的其他人在说谎的时候，他们往往也会出现鼻子痒的现象。

一般来说，人们摩擦鼻子这种动作是不由自主的，所以这是一个非常容易辨认的标志。这时候你就需要问自己一个问题：刚才发生了什么事情，让对方产生了摸鼻子的动作？他刚才说了什么？我们刚才问了他什么问题？我们又说了什么话？要知道对方摸鼻子的原因也可能是他们认为你说的不是真话。所以如果当时正好遇到谈判中的重要问题，就一定不能不仔细考虑了。

注意!

摩擦，尤其是摩擦鼻子的动作，是一个典型的欺骗手势。

以手掩口

如果对方把手放在嘴上，就好像是要把嘴里说的话掩盖住一样，这种看似孩子气的动作，正是另外一种常见的欺骗手势，而且往往多见于儿童。孩子往往会用手捂住嘴，企图让自己的父母听不到他说的话。

眨眼的骗子

如果一个人眨眼的次数明显增加了，那么往往说明这个人感觉不舒服或者紧张，或者就是在撒谎。

注意!

"他是个眨眼的骗子！"①

当人们对自己所说的话感到不适的时候，他们眨眼的频率会比正常情况下增加多达 4 倍，而他们自己却全然不自知。

触摸自己的身体部位

你还可以去注意观察对方触摸自己身体部位的动作，这些动作可能包括双手摩擦、揪耳朵、摸耳朵、摸脸颊或者揉眼睛等等。

双手摩擦

对方搓手的速度可以暗示出他的真诚度有多少：

快速搓双手意味着他想要达成你们双方之间的合作。

如果是慢慢摩擦双手，那么对方可能只是一门心思地想要达成自己的目标，这可能就要牺牲你的利益了。

骗子和说谎者会在很多地方暴露自己，而他们自己往往察觉不到——相信你的直觉。

注意!

如果有时候对方提供的条件太好，好到让人不敢相信，那么这时候或许对方真的就是不可相信的！

曾经有人在加利福尼亚州进行过一项研究，研究者让医院的护士向病人讲述并非真实的好消息，结果发现他们在说话过程中所出现的用手接触面部的动作比平时说真话的时候多出 10 倍。

---

① 译者注：He's a blinking liar! 这是一句英语俗语。

请注意观察编故事的信号

当我第一次对这一话题感兴趣的时候，我正在从事金融服务行业，为一位客户效劳。我们向一家广播公司提出质询，问他们是否能够向我们保证他们有足够的钱在 6 个月之内还清欠我们的债务。这是一笔非常大的数目，大到我们可以相当确信对方根本就拿不出来。

对方的财务主管当时向我们保证说，无论如何，他们都一定会还清，不会有问题。可是问题就在于在他向我们做保证的大多数时间里他都在揉自己的鼻子。我们当时就非常确信他们不可能按时还清欠款，于是我们就更改了合同的条款和条件，结果后来发现事实正如我们所料。

这个故事告诉我们：

永远都要注意寻找编故事时的欺骗信号。

我曾经参与过一次收购行动，我当时受到委派去会见公司的董事长，为的是请他们公司再次确认一点：他们清楚地知道让该公司进入酒店休闲行业的行动意味着什么。

当董事长向我确认他们很清楚自己在做什么的时候，他的肢体语言（坐立不安）却流露出了巨大的不确定性。在这种情况下，他的肢体语言告诉我的信息就是他还心存疑虑，还表明他对我们重申的内容当中有一部分是不能确认的。

传统而老套的语速极快的汽车销售人员往往让我们感到不可信任，可实际上现在的撒谎者已经不这样做了。当一个人想要欺骗你的时候，一般来讲他会说得更少一些，而且往往比平时更多地与我们进行眼神交流。

社会上大多数人都存在一种偏见，认为撒谎者往往眼神闪烁不定，不会进行过多的眼神交流。可是专业的骗子们往往知道这种偏见的存在，于是他们就会刻意多与对方眼神交流。

重要提示！

如果对方说的话突然比平时少了，同时对方的肢体语言也比平时少了，这时候你就要小心了。

我们在孩提时代，每当撒谎的时候往往并不会与别人进行太多的眼神交流，但是那些专业的骗子们，他们知道如果眼神交流过少是难以获取我们信任的，所以他们更倾向于矫枉过正，使用过多的眼神交流，他们会长时间盯着你的眼睛看。

我曾经与一位律师交谈，当时他努力劝说我相信一件我完全不相信的事情。奇怪的是，他当时动不动就盯着我的眼睛一直看，那感觉几乎就好像是他在期待着看到我点头同意一样。我当时感到非常不舒服。正如我在本书中多次提到的，如果你觉得什么事情让你感到不舒服了，你就需要问自己为什么——这种感觉其实是来自于你的直觉。

重要提示！

撒谎者往往不会多进行眼神交流，可是精明的骗子因为注意到了这一点，往往会矫枉过正，故做出很多眼神交流，这也就成了识别谎言的重要信号。

眼球解读线索

眼球解读线索对于我们判断一个人是不是在讲真话，也是非常有帮助的。当一个人在大脑中提取关于以往发生的事情的信息时，有80%的人往往眼睛会看向左上方。

而当他们正在想象一件可能在将来发生的事情的时候，或者当他们在编造一件过去从来没有发生过的事情时，他们的眼睛就会看向右上方。

而另外20%的人在面对上述两种情况时，眼睛转动的方向则正相反，这也就能够解释为什么在接触一个人的一开始就了解此人的行为方式是非常重要的。

在电影《谈判者》当中，有这样一幕：画面中凯文·斯贝西（Kevin Spacey）尖叫着说："我知道你在撒谎，因为你的眼睛刚才看向右边了！"

当我受客户的委托去采访某人并试图检验他说的是否是真话的时候，我往往在开始的时候就提出一个控制性准绳问题，例如"请问您母亲的女仆叫什么名字"，以此来观察对方在回答问题时眼睛的转动方向，这样也就知道当他在讲真话的时候眼睛到底是往那边转的了。

接下来我就可以问我真正想问的问题并根据对方眼珠的转动来判断他们答案的真伪了。

很多地方的警察在审讯的过程中都会利用这一技巧。然而，目前为止还没有哪一个国家把解读的眼球线索作为法庭审判时的证据来看待。

当然，这种解读眼球的线索还是需要跟口头语言相结合才能让我们足够清醒地洞察到对方的真伪。

口头表达欺骗

当对方用口头表达欺骗你时，他们的音调和语速往往会降低，而且通常情况下，他们会比平时更加少言寡语。

人们相信这种现象出现的原因是说谎者不得不更加谨慎地思考自己要说的话。一般情况下，谈话中会出现更多的停顿以及"嗯""啊"之类的感叹词。而他们对提问所做出的回答，在长度上也有明显的缩短。

相比之下，说谎的人在以下指标方面有所上升：

· 声调
· "嗯""啊"等语气词的数量
· 回答问题的犹豫以及延迟
· 口误以及结巴
· 停顿

你需要弄清楚一个人在正常说话的时候是什么样子的，这样，当你提出一些让对方感到精神紧张的问题时，你就可以观察对方的言行举止有哪些变化了。

正如我们上文已经提到的，真正高明的撒谎者往往能够在说谎的时候故意掩盖欺骗痕迹，这时候他们就会减少自己的肢体动作，减少身体部位的移动，而有的时候还会做出更多的眼神交流，多到让你感到意外。

我曾经在赫特福德大学与理查德·怀斯曼（Richard Wiseman）教授共事，也曾共同在一些学术会议上发言。

他的研究正如其他许多研究一样，也发现了一个问题：真正高明的骗子也会经常利用肢体语言去欺骗人们。然而，当你看不到这些骗子的肢体语言（比如你只听此人讲话的录音），这时候真相反而更加容易被你识破。

数年前，怀斯曼教授曾经在BBC举办的《明日世界》电视节目中赢得了一场实验比赛。

在这次实验中，怀斯曼教授记录下了两段采访的音像资料，这两段采访都分别在电视节目（《明日世界》）、电台广播（BBC电台节目）中播出，而采访的文字稿则通过《每日电讯报》以文字的形式刊发了出来。采访的主角是一名记者——罗宾·戴爵士，怀斯曼教授要求罗宾在其中一次采访中说真话，而在另一次采访中说假话。采访的主题是罗宾最喜欢的电影，在采访中罗宾也被要求隐藏了他对这一问题的真实答案。最终，有72%的广播听众从采访中得到了正确答案，而在电视节目的观众里，只有52%的人得到了正确答案。

电视观众们都被说谎者的肢体语言所欺骗了。而有64%的报纸读者得到了正确答案。

警察在分析案情的时候常常只会去听审讯的录音，在没有视觉信息干扰的情况下，他们可以对事件发生的过程做出更加清晰准确地判断。

言语欺骗

根据怀斯曼教授的观点，言语欺骗往往会以语速降低的方式表现出来。而人们在说谎的时候声调还会升高，同时像"嗯""啊"这样的语气词也会增多，并且往往会出现更多的口误、结巴以及回答问题的迟疑。

"骗子要有好记性才行。"

——昆体良，古罗马雄辩家，公元前35年

只要你做足了准备工作与前期调查，你就能够识破骗子的谎言。

措辞

请确保对方所用的词句与你在前期调查中所了解到的风格相一致。

当一个人说话有所保留或者有所遮掩的时候，我们是可以通过直觉感受到的。因为撒谎的人往往与平时的状态不太一样，这一点他自己是不会意识到的。

撒谎者会把自己的不真诚在某些地方泄露出来，而我们的潜意识就像一块磁铁，刚好可以捕捉到这一信息。

重要提示！

曾经有人说过，最好的测谎仪就是人的大脑——一定要相信自己的直觉。

测谎仪

出于兴趣，人们在多年以来一直热衷于使用测谎仪来甄别谎言。测谎仪会测量人的汗腺、心率、血压以及其他的一些身体功能指标。然而，测谎仪所测量出的结果却并没有作为证据广泛使用——除了世界上极少数的一些地区。这是因为人们觉得测谎仪的结果还不够真实可信。

然而，最好用的谎言测试其实是你感到某事不对劲儿时的第一直觉，就像1968年到2003年间播出的《神探科伦坡》电视连续剧中的人物彼得·福克和科伦坡警官所做的那样。

练习

这里为大家提供了一个小练习，读者可以邀请朋友或者同事一起参加。这个实验非常有助于提高人们对谎言和欺骗的敏感度。

请找另外一个人和你相对而坐。告诉他现在你脑海中要想起一个你喜欢的人，同时尽力掩盖自己的肢体语言。接下来你要想起一个自己不喜欢的人，并同样试图掩盖自己的肢体语言。

如果对方能够注意到你前后表现的不同之处，那么往往这些不同之处就在于脸部和眼部周围的微表情，这些部位会出现差异。

现在，你可以以不同的顺序先后想象上面的这两个人，并请你的朋友通过观察你的肢体语言来判断你想起的是哪个人。

随后请双方调换角色，由对方做想象，你来观察对方的肢体语言。

微表情——《别对我说谎》

如果你对这一话题感兴趣并且想获得更多信息的话，有很多关于这方面的书可供利用。美国电视连续剧《别对我说谎》尽管因为电视剧制作的需要而进行了一定程度上的夸张，但是该电视剧还是基于以往对微表情的研究以及心理学教授保罗·艾克曼（Paul Ekman）的研究成果而拍摄的（参见 http://www.paulekman.com/lie-to-me/）。

在谈判中会得到欺骗性答案的常见问题

您的定价能再低些吗？

您真的已经降价了吗？

另外一份报价是真实的吗？

另一位买家是否用现金结账了？

他们的银行融资是否已经就位？

您给其他演说家的薪酬是不是要比这更高（这在我个人的领域是常见的问题）？

您是否能在交货日期及时交货？

当你提出这些问题的时候，请一定注意观察并倾听对方给出的答复。你将会从中得到非常有价值的信息。

要点回顾：

要时时刻刻保持警惕以防被骗。

如果你觉得事情不对劲儿，如果你觉得有人跟你撒谎了，这时候可以在几分钟之后，把自己刚才问过的问题再换一种方法重新问一遍。

第十三章　一些经典谈判策略与技巧

在本章中你将会学到：

- 谈判策略是如何发挥作用，改变人们的权力感知的。
- 人们常用的一些典型策略。
- 学会化解对方的策略之前先掌握识别策略的方法。
- 实用策略与"肮脏策略"之间的关系。
- 一些"肮脏策略"以及应对策略。

共赢不等于不使用策略

首先介绍一下这一关键章节的目标话题，我们所谈论的"策略"一词将会包括以下几方面的常用技巧：

- 行动战略
- 伎俩
- 小花招
- 手法
- 开场白

"策略——这是一种为了获得特定结果而设计的做事流程。"

——《牛津英语词典》

所谓策略，就是一些心理上的小把戏，为的是把对手的定价压低到接近撤出定位的水平。它也可以是一些让对手改变自身权力认知的手法。它还可以是一些小伎俩，目的在于给对手施加压力，压低对方的期望值。

这些策略多种多样，有的只是一些小伎俩，单纯为了让对方在谈判中下定决心。然而有的时候，谈判策略却可以走向另一个极端，那这场谈判就会变得非常粗暴而难以接受。一般来讲，后一种谈判策略就被称作是肮脏策略，或者叫作不道德策略。

尽管我个人对这种肮脏下流的策略是绝无宽恕之心的，但我还是要向读者介绍这些策略，为的是让各位能够有一定的灵敏意识，能够识别肮脏策略，并处理、化解它们。

当你识破了对方所使用的肮脏技巧的时候，往往你就已经将其破解了。一旦你识破了，你就可以向对方明明白白地说你已经知道他们在搞什么花样了——你可以利用在走廊里碰面的时候委婉地指出来，或者干脆对这些肮脏伎俩视而不见，但是千万不要真的因为此事大动干戈。

根据我的经验来看，只要你识破了对方的谈判策略，那么接下来的应对工作就要容易得多了。你要能够识别出对方所使用的策略的本质目的——为了让你接受更低的报价或者得到更少的实惠。

无论你是否愿意接受，实际上我们人类的天性就会促使我们在不同的程度上使用策略与计谋。只要想想小孩子是如何耍小花招的，就不难明白这一点。

有的人曾经对我说："但是在一场合作共赢的谈判中，是不是这种勾心斗角就没有必要存在了？"然而，不同的人总会做出不同的事，人们做事的方式也会有所不同。人们总会出于各种原因使用计谋，无论是因为贪婪、权力、贫穷、饥饿还是单纯为了自身利益；所以我们不但需要学会如何应对对方的谈判策略，还应该在时机合适的时候，适度地使用一些小策略，以便达成双方的合作共赢。

一般来说，在任何一场游戏以及竞争中都会存在策略问题。体育教练往往会在比赛之前建议运动员们应该采取什么样的策略。例如一位乒乓球教练会建议运动员们何时可以利用对方的失误，反手击球。

由于在很多时候，人们都会把谈判本身看作是一种博弈或者竞争游戏，所以策略这一话题就渐渐浮出水面了。如果你是抱着合作的心态、解决问题的心态来参加谈判的，那么你就不太可能使用那些咄咄逼人的谈判策略，因为它不利于达成你此时的目标。然而，有一些策略是属于相对比较柔和的范畴内的，它们很值得一用，可以帮助我们让谈判更进一步或者直接促成双方的合作。

小孩子也会使用策略

小孩子从学会张口说话、要东西的那天起，就已经开始使用策略了。所以，既然这些策略是深深根植在我们的基因与人性当中的，那么对于专业的谈判者来说，理解策略这一话题就显得尤为重要了。

最近，我看见一个 4 岁的小女孩为了吃到冰激凌，跟他的父母进行了一次谈判。当时是下午，我走在吉尔福德大街上，天气很热。当时的情况可能是小孩子已经提出了很多的要求，也可能是家长真的买不起冰激凌，又或者可能是小孩子还没有吃午饭。

通过仔细地观察，我发现这个小女孩使用了一系列的谈判策略（在后面的几章里，我将会在商业谈判的语境下，详细描述这些策略）。

首先，她开始态度恶劣地大吵大闹说她想要吃冰激凌（无理取闹策略），这样一来就让过往的行人都注意到了她的处境——行人们在不知详情的情况下还会以为这孩子挨打了呢（窘境策略）。接下来，我注意到，孩子的爸爸似乎比孩子妈妈更加同情孩子（分而治之策略）。

小女孩就这样一直施展着她的策略。她的妈妈开始用一些事情来威胁她，可是小女孩明知那根本不会发生，很显然都是一些装腔作势的吓唬而已。相比之下，小女孩的爸爸这时候就已经开始掏钱要去买冰激凌了。小女孩的妈妈不愿意再和这对父女说话，她气冲冲地走了。最终的结局就是女孩的爸爸买了冰激凌，小女孩脸上浮现出了胜利的笑容。

这是一场一胜一负的结局——或者是一胜双负的结局。我当时暗想："这种事肯定还会再发生的，而且这对夫妻今天晚上别想共度良宵了。"两个大人，就这么被一个 4 岁的孩子在谈判中打败了。

很遗憾的是，在商业谈判中以及情感交往中，我们能够看到有无数人因为缺乏基本的谈判技巧，而在谈判中以同样的方式落得失败的结局。

这个故事告诉我们：

小孩子们都是天生的谈判者。没有人教过他们这些东西，但是他们就是能够无师自通地掌握各种谈判技巧的使用方法。通过观察儿童的举动，我们可以学到很多东西。所以一定要提高警惕提防谈判策略，只有这样才能够识别它们，应对它们，最终化解它们。

这是不是诡计

在有些人的眼中，一提到谈判技巧，就会让人不由自主地联想到阴谋诡计。我曾经服务过很多雇佣工程师和设计师公司，通常来讲这些公司不愿接收那些会使用谈判技巧来获得订单、提高定价和压低成本的人——他们往往会去大学去找一位应届毕业生来为他们做创作、建造以及涉及技术方面的事情，他们不希望员工在谈判与合同面前变得"俗不可耐"。这个字眼是曾经有人亲口跟我说的。

可是问题就在于，在对待是与非、公平与不公平、道德与不道德的问题上，不同的人有着不同的标准，所谓仁者见仁，智者见智。

重要提示！

所谓的策略，就是能够让你得到自己想要的东西或者尽可能接近目标的最为简单的办法。当然它也可以帮助你，让别人同意你的观点！

使用策略可以帮助你降低对手的最优定位，使之尽量接近对方的撤出定位。当然，在很多谈判当中，使用策略还可以促使对方重新思考它们的撤出定位，并且让对手因为害怕失去合作的机会、害怕失去订单或者仅仅是因为被你在心理上彻底压倒，而将撤出定价压低。

计谋和策略可以有各种伪装

有些策略可能看起来比别的策略更加道德一些，而有些策略则要比其他策略更加公平一些。

在谈判中所使用的策略确实有一些包含了心理学上的阴谋诡计成分，有些策略甚至一看就知道是出格的，甚至可以直接归类为欺骗以及谎言。我们所讨论的任何一种策略都是有它自己的结果的。毕竟人与人之间的博弈往往不是一锤子买卖，我们还是要再见面共事的，所以在使用策略或者面对敌手的策略之前，都要好好设想一下使用策略的后果是什么。

在众多策略中，有些策略只是生活中那些促使我们做出种种决定的小小境遇；也有一些策略是比较中庸稳健的；还有一些策略，那就是很多谈判者们口中所称的肮脏策略了。

人们的记性往往都是很好的，尤其是对那些自己受到控制、被人耍阴谋诡计或者被人欺骗的经历，记忆尤其清楚。

无论你在谈判中使出什么样的策略，你都必须牢记一点，那就是你与对方还要有后续的合作，或者你们在以后的生活中肯定还会有交集。可惜的是对于很多人来说他们根本把"以牙还牙，以眼还眼"这句话当成了耳旁风，即便他们已经听过了很多遍，但是理解程度还是只停留在潜意识层面。

如果你在这次谈判中使用了策略，那么你在下次谈判的时候就要小心了。

识别策略是很重要的

一般情况下我不会说"识别策略是重要的"——我会说得更重——我会说"识别策略是具有关键性意义的"。我的经验告诉我，在专业谈判中，有一半的人根本注意不到对方使用了谈判策略。

我觉得我并不应该评论一个人应该或不应该使用谈判策略。然而你应该在生活中和工作中警惕策略的使用。如果你不能够理解策略、识别策略，你就不能够应对策略，那么在大多数的谈判中，你都会处于战略上的劣势地位，这也就导致你无法取得自己预设的成果。

策略是可以灵活机变、巧妙处理的，而如何处理则取决于人们对策略的使用。

典型的谈判策略以及它们的正确用法

高权威策略（我要跟我的团队讨论一下）

可能很多人会觉得这样做会显得自己没有能力在当场做出一个合适的决定。但是大师级别的谈判家们都知道，在必要的情况下，他们必须拥有更多的智囊团可供使用。

面对对方的要求，如果你在回绝的时候把责任推到其他人身上，那么这将会对你非常有利——因为这样的说辞意味着至少你自己还是与对方保持着融洽关系的。同时这也意味着他们可能会在一些你之前没有意识到的其他问题上产生戒备心理。

在这种情况下你可以使用这样的话术："我本来很愿意答应您的，但是我们的委员会不肯在这项协议上签字，除非您向我们做出其他方面的补偿。"或者你也可以说："我无法说服我的同事们接受这项要求。"

在使用高权威策略的时候，记住绝对不要用你们公司当中具体某个人的姓名。为什么呢？因为这可能会给对方提了个醒，这时候对方就可以说他们不想再跟你谈了，他们要直接跟你们公司能说了算的人谈。

通常来讲，该策略中所谓的高权威，往往指的是一组决策制定者，比如董事会、总监团、运营委员会、执行委员会、主席委员会以及信用委员会等等。

如果你们公司是一家小公司，那你还可以把这种高权威解释成是你的生意合伙人或者生活中的另一半！

你也可以把高权威策略与"唱红脸策略"同时结合起来使用，以便得到对方的谈判让步。举个例子，你可以这样说："我真的很愿意为您争取上述利益，但是我的同事们却不允许我在这样的合同上签字。您能否帮我个忙，做出一些让步，好让我能够说服同事们，使您的要求通过严格的审查程序呢？"或者也可以说些类似的话。请确保你说的话与你一贯的讲话风格相适应，也就是说，一定要以自己的方式自然流畅地表达出来，不要让对方看出破绽。

重要提示！

这个策略要以巧妙灵活的方式使用。请牢记——一般来说，我们所有人都会需要说服别人接受自己的想法和决定。这时候，你要说服的那个人就是你的高权威者。

红脸白脸策略（好警察坏警察策略）

在这一案例中，谈判中的某一方通常有两个人，这对搭档中，一个比较和善、好说话，而另外一个则表现得咄咄逼人、寸土不让。在一段谈判之后，那个表现强硬的人会愤然离席，剩下的这个和善的人就会说："如果您能够同意这一点、这一点以及这一点，那么我有把握说服我的搭档接受您的条件。"

警察在审讯的时候经常使用"好警察坏警察"的心理战术："如果你把真实的信息告诉我，我可以向你保证我的同事会放过你，并且放弃他原来想要起诉你其他罪名的计划。"

在小本生意中，故事的情节往往是非常简单的：就是搭档的两个人当中有一个人向对手说，自己的搭档不会同意这个价钱的，然后就问对手能够做出什么让步来换取自己搭档的同意。

在合作伙伴关系当中，该策略的使用情况可能是这样的："如果我花这么大的价钱，我的老婆/伙伴一定会气疯了的。您能不能帮我想想办法？"

在大型企业的谈判桌上，该策略的使用情形可能会是公关经理或者客户经理对谈判的另一方说："我非常愿意帮您实现这一提议。那么您将如何帮助我说服委员会/董事会通过这一提议呢？您能否给我提供一些有利条件让这次合作变得更加容易接受？"

所以，在使用高权威策略的时候，扮演坏人的一方永远都是公司的委员会或者董事会，是具有最高权力的人。

经常会有人向我提出质疑，觉得这样做是不是有点儿太心机了？他们忘了一点：在很多情况下他们做出的努力并没有得到应有的回报，他们其实应该努力争取更多利益的。这个策略的妙处也在于它能够让你推断出对方真正愿意支付的价位，并得到关于对方谈判定位的真实信息。

重要提示！

该策略只有在合适的时候才能使用。

时间策略

人们在时间紧迫的时候，往往更加容易做出妥协。一般情况下，谈判中80% 的让步与妥协往往都是在最后 20% 的时间内产生的。

所以谈判中请一定要确保自己对于时间有完全的掌控，这样你才能够不因为虚假的时间限制而受到压制。

重要提示！

这一策略用来促使人们做出决定。

暂停和休息

当你想要考虑对方提出的某一定价或者感到谈判陷入停滞的时候，不要害怕提出休息一下的要求。

这种休息通常被叫作谈判暂停、休会或者"包间密谈"（包间密谈这种说法最早是在哈佛研究项目中提出来的，研究者们发现，大多数的谈判者在谈判中不能够经常做到停下来冷静分析当前的事态发展）。

谈判期间暂停休会，这样的做法一共有三重好处：

1. 为我们赢得了思考的时间。当我们面临各种压力的时候，我们往往不能够理智且有创造性地思考事情。

2. 这样做往往能够让人们跳出当局者迷的情绪状态。这样就能够让谈判双方都有机会冷静下来，重新把思路拉回到共同达成目标上来。换句话说，就是把人（情绪）和事（解决办法）分离开来。

3. 这样做还会给你机会与同事进行讨论。你的同事会为你提供分析当前局势的不同角度。一般来说，帮你分析局势的人越多，你就越能够集思广益，想出好点子。

即便是你孤身一人参加谈判，你仍然可以花费几分钟的时间好好考虑当前的局面。你可以把你的所思所想写在一张纸上，仔细过一遍你的笔记，或者给你的一位同事打电话请他帮你梳理一遍。如果有必要的话，你甚至可以要求休会 24 小时，这样你还可以有隔夜思考的机会。

重要提示！

请确保自己在适当的情况下使用该策略。

闻价色变

在谈判中，"闻价色变"指的是当对方提出某一个定价之后，故意做出非常惊讶的反应。这种反应可以用很多不同的形式表现出来，比如你可以很平常地说："您是在开玩笑吧！"当然有些人喜欢更为激进的方式，他们还可以表现得更加震怒。

当对方说出"价钱是 XX"的时候，你可以简单地眯起眼睛，深吸一口气，然后用质询、惊讶的语气问一句："多少钱？"当然提问的同时还可以配合挠头的动作，你需要在视觉效果上、在听觉效果上同时营造出非常惊讶的感觉。

在古巴导弹危机期间的一次谈判中，苏联领导人赫鲁晓夫在联合国的会场上愤怒地把一只鞋子摔在了谈判桌上，这一举动是为了表达他对美国以及其他成员国做法的震惊与愤怒。可是当人们重新回看那一段回忆录像的时候却发现，当时赫鲁晓夫并没有脱下自己的鞋子。实际上他摔在谈判桌上的那只鞋子是在他刚要表达自己愤怒的时候旁边一名助手递给他的一只备用鞋子。也就是说当时的那一幕其实是早就预备好了的。

重要提示!

请确保该技巧在适当的情况下使用。

观察员策略

一名观察员的作用是解读与会人员的肢体语言,观察局势发展以及整体情况。

你需要在会谈的时候随行携带一名观察员,他的职责就是观察对方的肢体语言,并且在你宣布休会暂停的时候告诉你他认为对方下一步会采取什么样的行动。

在谈判桌上,想要在讨论、交易、争论的同时做到观察对方的肢体语言是非常难以做到的。所以一定要确保随行携带一个人来帮你观察。

当你处于压力之下或者只站在自己的角度去思考问题的时候,你的大脑左半球往往是发挥着主力作用的。大脑的这一部分所关注的是逻辑、数字以及细节问题。

然而另一方面,当人在压力之下的时候,他负责观察肢体语言、细微动作以及整体感知的右脑就不会那么充分地发挥功效了。所以,你的观察员可以弥补这一点,因为他处在冷静的集中状态,可以通过看和听捕捉到关键性的线索信息。

然后你们就可以在休会的时候讨论这些线索了。

重要提示!

当你在参加重要的谈判并且想要得到别人的帮助时,就可以使用这个策略。

大智若愚策略——神探科伦坡策略

这一策略简言之就是装作听不懂对方的话。这样做的目的是为了让对方再次解释自己提出的问题。这一策略的适用场合是你认为对方没有将全部实情告诉你,或者你想要对事实真相查根问底的时候。

科伦坡是美国著名电视连续剧《神探科伦坡》中的人物形象,由彼得·福克(Peter Falk)扮演。电视剧中的该角色就时常使用大智若愚策略。他似乎永远都不能立刻明白对方所表达的意思——他永远在提问题,给人的印象好像是他并没有认真在听人说话，永远处于一种心不在焉的状态。这也就意味着人们往往不得不再向他解释一遍自己的意思，而在解释的过程中往往就会泄露出额外的信息，有些是通过语言泄露的，有些则是通过肢体语言泄露的。

汽车销售人员往往使用一种被他们称作"科伦坡密切"的技巧。当客户在经过一番讨价还价之后决定不买车了，要走出展示厅的时候，销售人员往往会说："刚才不知道是怎么回事，我居然忘了，今天早上我们公司总部刚刚发来通知，说这款汽车还有进一步折扣的余地。我真糊涂，竟然彻底忘了这回事了。"或者也可以说："请留步。请先坐一会儿，我看看我们还能为您提供哪些优惠。"

重要提示！

当你认为对方想要欺骗你的时候或者你不相信、不理解对方所说的话的时候，你就可以使用这个策略！

沉默策略

这一策略我们在前文讨论过，沉默也是一种很常见的策略。在提出了一个优质的问题之后，沉默的使用就显得非常重要了。

你需要提出一个非常棒的问题，然后静静地等着对方的回答。如果你想要帮对方一下，那你可以帮，但是一定要留出至少 5 秒钟的安静时间。不过一定不要忘了，你的目的是了解到对方真正的想法。所以不要让对方蒙混过关，一定要保持询问的姿态，然后保持沉默，等待对方的回答。

重要提示！

这个策略只有在你真的提出了一个好问题并且想要得到对方回答的时候才适用。

搁置争议策略——把问题先放在一边

这一策略我也在前文中有所详解。要想做成事情，是需要一定的势头的。如果谈判陷入对某一问题的争执而不能继续前行，那么谈判的节奏就会被拖慢，势头就会消失。这时候更加高明的做法是先去解决那些双方能够达成一致的问题，然后把双方存在分歧的问题先搁置到一边，稍后再回过头来进行讨论。如果到最后我们在总共十个问题里面，有八个问题都达成了一致，只剩下两个问题还有分歧的时候，谈判就可以非常高效了。这时候你可以说："如果我们在这个问题上让步，您能在另一个问题上让步吗？"

如果在谈判的第一个问题上你们就陷入了僵局，这时候你可以说："我们能否把存在分歧的问题先搁置在一边？"先去解决那些你们能够达成一致的问题，稍后在谈判即将结束的时候再来讨论争议问题。

重要提示！

当你想要让谈判呈现出一种协调一致的势头的时候，就可以使用这一策略！

软化策略

如果你得知有坏消息即将传来，那么要让人们注意坏事发生的可能性。在这里我们所说的坏消息指的是价格或者税额上的增长。如果你能够提前告知对方坏消息的来临，那么你将会非常有效地软化对方的态度。政府部门就经常采用这一策略，他们往往会提前泄露一些信息，用以观察公众对此做出的反应，并且决定下一步如何更好地实行计划。

当你有一些坏消息要告诉对方的时候，比较明智的做法是告诉人们，由于销量数据的下滑，有一些不好的事情即将发生。你并不确定即将发生的坏事是什么，但是你正在观察局势情况，并且将在某一特定日期之前告知人们。这样一来，对方就必须要做出一些准备行动，并提前做好心理准备应对坏消息所造成的不确定性，并且想要在尽可能短的时间内知道真相。

同样的情况也出现在加价的行为中。当你想要提高要价的时候，比较有效的做法是先给对方发出信号，你可以这样说："不久之后我们将会提高价钱。不过在眼下我们正在尽力将定价维持在现有的水平，尽管这样做我们是在亏损的。"

这样做的好处就是，当你后面真的开始涨价的时候，对方也不会觉得太过惊讶了。而且有趣的是他们往往还会惊讶地发觉，你的价格涨幅并不像他们所预期的那么大。

在心理学上，这样做的效果就是为了避免惊讶的元素，并且不会引起对方的过度反应。

重要提示！

当你有一些坏消息要告诉对方（例如提高定价、更改合同条款或关闭某一设施）的时候，你可以使用这一策略。

三种选择策略

给对方三种选择，也就是在使用"3"这个数字的力量。

对方可能会觉得他们需要做出的决定就是在你所提供的三个选项中做出一个最优选择。

一般来说，人们发现最好的选项排列方式是把最具有吸引力的选项放在第二位，把最昂贵的选项放在第一位。这样的策略可以将对方印象中的定价在一开始直接锚定在一个较高位置。接下来当对方看到第二个选项相对便宜一些的时候，对比原则就会发挥效用了。第三个选项虽然更加便宜，但是没有附加条款，也没有额外赠送的服务，也少了很多的选择空间，因此对方可能并不会想要选第三项。

你可以将这三个选项比作是黄金、白银、青铜。这样就很容易以合适的角度去看待他们了。

重要提示！

当你觉得应该让对方拥有选择的权利并且希望让对方以为他们正在掌控全局的时候，你就可以使用该策略了。

专业顾问策略

当你需要的时候，可以利用顾问这一角色。他会增加你的权威性。

那些通过给别人充当顾问、提出建议而获得劳务费用的人，有时候反而能在协议的达成中起到阻碍和负面的作用。为什么会这样呢？因为咨询顾问也有他们自己的目的与动机。他们可能会把你当作客户，帮你更好地达成合作。然而我们必须时刻牢记的一点是，他们是有自己的打算的。

在跟专业顾问进行谈判的过程中请一定要小心。他们是否有所伪装？当收费计时已经开始的时候，承担风险的一方是你还是他们？通常情况下，如果你不能够在收费问题上讨论得足够小心，那么这种收费往往就是以时间为基础的小时计费了。

我一般不建议任何人同意这样的收费方式，尽管很多专业顾问声称他们平时就是这么收费的。你需要货比三家才能找到一个合适的专业顾问，你选择的顾问应该是你喜欢的、信任的、对业务了如指掌的，并且不辜负你的付费，能够帮助你明智的赢得谈判胜利的顾问。

如果在谈判中，对方的专业顾问所提的一些建议都是一些对你的利益产生损害的建议，那么这时候你就可以提议进行一次"走廊会谈"（把对方叫到一边单独说两句）了，这个小会谈只在你与对方的负责人（谈判领袖）之间，你可以这样说："我并不觉得您的团队成员对我们达成合作共赢的谈判会起到帮助性的作用。我们能不能先排除掉其他干扰，好好想想我们是否能够达成一些符合我们双方需求的协议呢？我们就从实际出发，只要我们想要达成的协议是在合法的框架内就行。"

重要提示！

当你需要帮助的时候，你可以使用顾问。在收费上，你应该同意以工作的完成度为标准的收费，而不是一般顾问一开始会提出来的以时间为标准的收费方式。请确保是你掌控顾问，而不是让顾问掌控了你。

在你提供服务之前，要么签订合同，要么拿到酬金

服务或者咨询建议，一旦你给出了，那么在人们眼中它们的价值也就随之消失了。

如果你在向别人提供一种高价值的、高技术要求的服务，请一定要确保自己在真正开始服务之前是有合同作为保障的，合同中应该包括服务的价格。我曾经向我服务的一位律师提出要求，让他拟定一份劳动合同。结果对方拟定的合同非常的简陋，而且他们随合同还寄来了一张三百美元的支票，根本就没有跟我商量过服务费的价格。因为我对此并不能接受，所以我就把合同和支票全都寄回去了，我就说这份合同以及费用都和我预想中的不相符。

在任何以知识能力为基础的服务项目中，道理都是相同的。一旦你把你的服

务提供给了对方，那么再想要得到一份合理的报酬就很难了。

有这样一个故事，讲的是一个水管工，他在一次维修的时候发现供水系统中有一处堵塞。于是他坚持要求对方支付三百英镑的维修费用。由于他的专业知识高超，他只拿出了锤子，往堵塞的地方敲了一下，就把问题给解决了。他的客户说："等一下，你就敲了一下而已，这就能值三百英镑？"水管工回答道："五十英镑是我敲这个动作的钱，另外二百五十英镑是付给我知道应该敲哪里的钱。"

重要提示！

在你的工作开始之前，请一定要谈好劳务费。

写契约、做笔记、写会议议程

写契约的人一般都是掌控局面的人。

对谈判中双方说了什么、对什么事项达成了一致，你都需要做出详细丰富的笔记。如果你做不到这一点，那么对方在写合同的时候就可能会增加一个你之前并没有同意的条款或者增加一些你之前并没有同意的说法，他们就是希望你不会注意到他们做的小改动。这种事情确实会发生，我自己就曾经遇到过这样的事。

同样可用的办法还有：写下可供公开传播的会议记录或者备忘录。通过这样的做法，你可以掌控全局，你可以在措辞上应用一些策略技巧，还可以写下一些行动方案，尽管它们可能是未被讨论过的。

重要提示！

请一定要尝试亲自写合同，写备忘录、写议事日程。

总结策略

在谈判技巧中，总结策略是一种非常有用的策略，它可以帮你总结双方已经取得一致的事项。你可以在会议室中间或者会议桌中间放上一块白板或者一张A4纸板，把你的总结写在上面。

总结策略可以起到这样的心理效果："看，我们已经达成了这么多的一致，我们的谈判已经取得了很大的进步，我们接下来要做的就剩下那么多了。"

这样做还有另外一个效果，那就是阻止对方对之前已经达成一致的问题再进行变更讨论。事实上，你已经在双方达成一致的项目下面画了一条重点线，告诉对方此事一经议定，不可更改。强势的领导者以及较为强势的推进者可以很好地利用这一策略。

重要提示！

只要你能够有机会，那么可以随时随地使用这一策略。

场地策略——座位的选择——设定自己的位置

你进行谈判的场地位置能够左右谈判的结果。

· 在你的办公室里，那么你就可以按照自己的喜好布置会议室。
· 在对方的办公室里，那么他们就可以按照他们喜欢的方式布置会议室，发挥主场优势。
· 在中立的场地进行谈判，对于带有冲突性的谈判是更为有利的，一方面你可以控制对方的权力感知，另一方面你还能够充分利用在中立场地谈判的优势。

一直以来，我总是被人们冠以"星巴克谈判家"或者"咖啡厅谈判家"的称号。因为如果谈判不是高度机密的话，我就会将场地选在咖啡厅，这样做有如下好处：

· 咖啡厅是中立场所。
· 咖啡厅的桌子一般都是圆的。
· 通过买咖啡这一行为，你可以充分利用互惠主义法则（参见第十四章）并且还可以在一个相对更加友好的环境里与对方建立亲密关系。

早在 16 世纪的时候，人们就经常在伦敦城内的咖啡厅里进行谈判了。当时的人们对谈判还真的是有所悟性的。

重要提示！

一定要为你的谈判选择最适合的场地以及最适合的座位。

渐进策略

这种策略非常类似于孩子和成人都经常使用的蚕食策略，谈判中的一方会在一段时间内提出很多个小小的要求。这些要求如果一次性都被提出来，那么往往就会遭到拒绝。可是如果一次只提出一个那就不同了，从表面上看，每次都只是很小的要求而已。

如果你发现对方正在使用这一策略，那么你就可以要求对方把所有的要求都一次性地提出来，让所有的要求都明摆在桌面上进行讨论，然后说："还有别的要求吗？"这样做可以防止对方反复变卦，接下来你们就可以把所有事项逐一讨论了。

重要提示！

在同意对方的要求之前，请一定试图让对方把所有要求一次性讲清楚。

私谈策略

如果有一个人跟你说："咱们来进行一次没有记录的私谈吧，答应我。"这时候你一定不要相信对方会保守秘密，所以说，从潜在的意义上，你实际上已经是在将信息公之于众了。

注意！

如果某些人要想赢得你的信任，一定应该是通过行动和行为来完成的，而不是通过某人所说的什么话。

在很多情况下，人们都会说，如果他说的话泄露出去了，他是不会承认一个字的。

虽然私谈显然也不是什么违法乱纪的事情。但是我们经常会在报纸上读到，某次谈判失败之后，谈判中那些所谓的"私谈"内容就被泄露出来，成为了法庭上的证据，或者被媒体注意到。所以私谈策略的使用一定要慎之又慎。

重要提示！

你可以在合适的场地使用这一策略，但是一定要清醒地认识到一点：你说的话是可能会被泄露出去的。

强硬策略

无论在什么情况下，一定要坚持自己的高定价。

你必须拿出一个非常棒的、人见人爱的产品来；而当你真正拥有这样的产品的时候，你是交不到朋友的。

请一定要记住，当你拥有话语权的时候，你的所作所为都会被人们记住，而当他们有机会报复你的时候，他们是不会放过你的。

重要提示！

只有在你手中掌握稀缺资源、有众多可选项的时候，才适合使用强硬策略。

娱乐策略

娱乐是结交朋友与拓展社交的一个好办法。

娱乐对于了解他人是非常有用的，你可以借此了解到他人的行为动机。那些费用不高的小型娱乐活动在世界的大多数地方都被人们广为接受。在西亚北非地区，花时间去与人结识、接受他人的热情是非常有必要的。

然而，娱乐的作用什么时候才能足够大，大到足以影响谈判中双方的决策制定呢？在这一方面，一杯咖啡一杯酒，相比于温布尔登中心球场的比赛门票，二者几乎没什么差别——虽然很多公司仍然用温布尔登的球赛或者其他各种体育活动以及社交活动来取悦他们的谈判对手，并且一些人还是很热衷于参加这些活动的。

不同的人拥有着不同的规则以及不同的标准。很多公司的很多政策在某些国家看起来就很容易接受，而在另一些国家看来就变成了一种贿赂行为了。为了避免任何形式上的误解，英国在 2011 年出台了《反贿赂法案》。

无论何时何地，千万不要受到对方的诱惑而接收对方的礼物，因为这样做会使你的正直品格大打折扣，也会影响到你的决策制定。

重要提示！

小型的娱乐活动无伤大雅，也可以让你了解他人、建立良好的人际关系。但是一定要给自己划定一个界限，不要失节，慎之又慎。

天下没有免费的午餐。

——约翰·拉斯金 19 世纪企业家

顺从策略

如果你处在一个完全没有话语权的地位，那么你可以尝试一下这个策略。

你必须承认自己现在别无选择，完全处于对方的掌控之下。与其身处劣势，向对方据理力争以求得一席之地，倒不如尝试一下我们介绍的这个策略。你最终将会得到人们的认可。在这种情况下，面对你的顺从态度，大多数人还是会为你分一小杯羹。或许他们不会为你挺身而出仗义执言，但是他们还是会以平和的态度对待你的。这时候你已经别无选择了，因为你无处可去，所以你最好还是唤醒他们人性中善良的一面。

在大多数情况下，如果身处劣势，那么请你不要喋喋不休，不要去争辩，人们反而会对你温柔相待。

如果你养了一只狗，你就会发现，当狗狗有麻烦了或者它们自知犯了错误的时候，它们就会翻过身来，肚皮朝上，向你展示它们私密而脆弱的一面。而我们人类也拥有类似的天性，我们会通过顺从的方式表达："请对我好一点。"

重要提示！

如果你别无选择无处可去了，那么你可以使用这一策略。当你完全没有话语权或者完全没有地位、身陷困境的时候，要学会低头。

注意！

人在矮檐下，不得不低头。

相对价值策略

向对方强调你所销售的东西的价值。

相对应地，贬低对方向你提供的产品的价值。

我曾经在银行工作，当时我们的竞争对手包括很多家海外银行，他们都在伦敦设有分公司。我们当时就大力强调一点：如果你的公司出现了重大问题，那么你可以直接找到我们公司的总部董事会去商议解决方案，因为我们的总部就设在伦敦，我们的最高领导都可以被你找到。但是相比之下，如果你选择了一家总部设在德国或者日本的银行，那么如果你公司出现了大问题，你就不得不大老远坐飞机过去跟他们的人面对面商谈了。这样一点差别，它的价值能有多大呢？

重要提示！

该技巧应该在一切可以使用的时候使用。

道具策略

有些人为了给对方留下深刻的印象，会使用一系列的道具。

从心理学的角度来讲，这些道具可以胁迫人们、给人们留下深刻印象或者起到改变感知的作用。我曾经见过的道具列举如下：

1. 人物出场时所乘坐的轿车。我曾经见过很多人在出场的时候开着租来的天价轿车。30 年前的时候最能让人印象深刻的轿车要数劳斯莱斯了。当时我在一家银行的分行工作，我们的客户当中有两位是拥有劳斯莱斯的。我注意到他们的委托人对此印象非常深刻并且破格给他们提供了延长信贷服务，其实考虑到他们当时的金融状况，他们是不应该享受那样的服务的。最近几年来，信用审查变得越来越严格了，如果再有人开着劳斯莱斯，可能反而会引起人们的怀疑。所以当今时代人们可能使用更多的道具车往往包括玛莎拉蒂、顶级梅赛德斯、宝马或者法拉利。

2. 钢笔。非常昂贵的钢笔、皮质的文件夹、公文包以及其他附属品。不需要有什么闪闪发光或是特别炫的东西，只需要让人觉得价值不菲就可以了。

3. 司机。我认识一位职业演讲家，他叫彼得。他的事业如日中天。这位仁兄雇了一个司机，每次开车送他去演讲场地，并且把他的大包小包拿进会议室。这样的行为是否给人留下深刻印象呢？当然，很多人在很多时候还是很看重这个的。

重要提示！

只需要职业化的着装以及附属品就可以了，用它们提升你的格调。但是当你看到有人戴着与他身份很不相符的附属品的时候，你就应该小心了。

我有一个朋友，她打算卖掉自己的企业然后退休。这时候有一家公司找到了她，向她承诺了一大笔钱，条件是她要立即在一张复写纸合同上签字。

我的朋友当时有些家庭问题需要处理，所以她想要赶紧了结此事；而且对方提出的价格也是非常具有诱惑力的。买家提到他们的公司设在直布罗陀，还说他每天要乘坐私人快艇到直布罗陀。好吧，这在我朋友看来是非常具有说服力的。然而，当我朋友核实信息的时候，她却发现并没有查到关于这家公司或者这个人的任何记录，而且也没有什么东西能够证明来人真的是非常值得信赖的。正当他们催着我朋友，要她签署转让合同的时候，我的朋友向我求助了。我跟他们进行了一次会谈，问了他们一些非常中肯的问题，对方不仅连一个问题也回答不上来，还对我一连串的发问感到非常不快。突然，他们这帮人中有一个人气势汹汹地站起身朝我走来。我心想他已经输掉了这场谈判。我要求会议暂停一会儿，并且跟我的朋友谈了谈。我们讨论了当时发生的这件事，并且分析了我们当时看到、听到并感觉到的一些事。

我们决定，我们要保持冷静、平和，要进一步对事情进行核查。随后我们平静地退出了这单生意。

这家公司其实是一家脱离政府管理的公司，他们是没有公司实体的。这似乎非常像一场庞氏（欺诈型的）交易①，很多人都曾经因为轻信这种庞氏骗局而造成经济损失。曾经受到这种骗局的坑害而蒙受损失的投资主建立了一个网站，为

---

① 译者注：庞氏骗局，又称庞兹骗局，金融骗局的一种。

这种骗局命名。

这个故事告诉我们，只需要职业化的着装以及附属品就可以了，用它们提升你的格调。但是当你看到有人戴着与他身份很不相符的附属品的时候，你就应该小心了。

肮脏与侵略性的谈判手段及其应对方法

以下所介绍的种种谈判手段都是笔者不推荐大家使用的。然而，读者还是有必要了解这些手段，并且在实践中识别并应对它们。

霸凌

霸凌者往往是这样一些人：他们适应了超乎想象的竞争商业氛围，他们适用于托马斯－基尔曼冲突模式文书（Thomas-Kilmann Conflict Mode Instrument）（该文书是一份调查问卷，用来评估一个人在冲突情况下的行为——更多信息参见第十六章）。这些人已经习惯了我行我素，一切事情都得按照他们的意志来进行。他们的认知中，只有胜利一个词，而这种胜利的意思还是他们单独一方的胜利。他们丝毫不在乎你的利益，所谓合作共赢是他们最不愿意看到的局面。事实上，在他们的思维定式中已经认定"合作共赢是给弱者准备的"。他们的词典里没有公平这个词，他们会用尽一切手段让事情按照他们想要的方式来进行。

他们可能会使用的手段包括：

·质疑你的人品
·质疑你是否在讲真话
·质疑你对自己所从事的业务是否了解
·贬低你
·让你一直等候他
·让你窘迫、给你难堪（就像我在上文中提到的向父母要冰激凌的 4 岁小女孩那样）

布伦达·迪安（Brenda Dean）是英国印刷业协会从 1985 年到 1991 年间的领袖，获得了迪安·布伦达男爵称号。在我们为一次会议录像的时候他曾经给我讲了一个故事：罗伯特·麦克斯威尔（Robert Maxwell，世界媒体巨头）曾经理所当然地命令谈判对手在炎热不透风的房间里等待直到凌晨。而在这段时间里，他对谈判对手不闻不问，就只是把那些希望签署合约的对手们丢在那里。在几个小时过后，他会回到会场来，直接给谈判盖棺定论。这段时间里其实他是上楼回到自己的公寓里睡了一觉，当他再回来的时候，谈判对手已经被折磨得筋疲力尽了，对手这时候只想要赶紧结束谈判。他知道当人们极端疲惫的时候，往往会做出不理智的行为。

如果是你遇到了这种类型的谈判手段，你该怎么办？拿出你的撤出定位，直接退出谈判就行了。直接拂袖而去，不要跟这种寡廉鲜耻的人继续陷入合作的泥潭之中。

重要提示！

识别这种肮脏手段，不要被它吓倒。保持冷静，拂袖而去。不要让自己蒙受更多损失。

把玩具扔出婴儿车

这是一种暗喻，原本描述的是小孩子得不到自己想要的东西时的一种表现。

对方开始表现的狂躁、歇斯底里、开始怒吼——这就是所谓的"把玩具扔出婴儿车"。小孩子们是非常擅长使用这一伎俩的，而有些人则把这种伎俩一直保持到了成人时代。在我曾经效力的老板中，有几位就是这样的人，如果你不能够以他们的方式去看待事物，他们就会雷霆震怒、摔东西。

对付这种情况最好的办法就是让他们自己尽情地表演，不要说任何话，一直等到他们怒气发泄完了为止。千万不要受到影响；要把你自己跟这种愤怒的有毒情绪隔离开来（想要达到这个效果，有一个比较好的办法就是想象你的周身有一个巨大的泡泡保护着你，对方的愤怒毒液遇到这个泡泡就会反弹回去，因此也不会伤害到你）。

在对方的愤怒面前保持冷静，这需要很强的自控力，但是这样做是值得的。当对方表演完了之后，你可以非常平静地说："那么，我们要如何解决这个问题呢？我们刚才是不是跑题了？"或者，如果你发现了问题的症结所在，甚至可以建议进行进一步的会谈。

重要提示！

你自己不要使用这种谈判手段。处理局面应该用一种冷静、专业化的手法。

注意！

面对对方的发怒以及侮辱，不要上当。一定要保持冷静，继续谈该谈的话题！

表现出愤怒的举动

故意表现出愤怒的举动——这种愤怒不是因为对方的行为而做出的愤怒反应，这种行为是一种欲盖弥彰的畏缩心理，我们在上文中已经有所提及了。如果你发现某人真的把你惹火了，然后你就可以装作你很生气的样子。在一些自传中，我都能看到谈判者们使用"盛怒"一词对此进行描述。冰岛首席执行官马尔科姆·沃克（Malcolm Walker）在他最近的一本书 *Best Served Cold* 中提到，在很多时候，他曾经对自己的支持者们表现出盛怒，并且向他们发泄怒气。这是不是一种手段呢？

我曾经与我的一位朋友共事，他叫彼得，是一位服务于辛迪加组织的信贷顾问。曾经有一次，在一场通宵谈判会议的过程中，有一名客户质疑彼得的人品。彼得当场大怒，拂袖而去。我马上追出了会议室，劝说他要保持冷静，这才让谈判得以继续进行。我不知道他当时是因为对方的所作所为才自然而然地生气，还是故意装出一副生气的样子。或许他当时是故意表现出非常愤怒的样子，就是为了告诉对方，想要让谈判继续进行，那就绝对不能对他做出人身攻击。在经过了一段理性的休会时间之后，谈判者们做出了会议总结，最终谈判会议以成功告终。

重要提示！

在极少数特殊情况下，这种手段也可以用来掌控局面。

向顾客虚报低价

所谓虚报低价，指的是有些人为了获得对方的同意，达到与对方签署协约的目的，会报出超乎常理的低定价。这样做的目的是为了让对方对需要付出的代价降低期望值。或许这种手段还可以测试出对方的撤出定价（WAP）是多少，并且达成协议。我听说在温布利体育场重建的过程中，就出现过这种状况。当时有一家建筑商虚报低价得到了主办方的认可，然而后来合同内容不得不一次次地重新谈判商定。

你需要识别这种手段，然后表现出非常惊讶的反应，这种反应告诉他们：很显然他们是在开玩笑。

如果对方在谈判桌上向你报出非常非常低的定价，你一定要小心，因为对方在随后的日子里可能会跟你进行重新谈判，为的是把价钱提到更高，只有这样才能避免赔本或者避免破产。

虚报低价的手段往往频繁出现在建筑行业的承包中以及其竞争非常激烈的行业中。在这些行业里，对方会认为，一旦他们拿到了你的承包合同，工作开始进展了，那么他们就有机会向你推向更多的额外服务，这些额外服务都是有利可图的。

重要提示！

不要使用这样的手段，否则你只会自食其果。

僵局——坚守壁垒

僵局就是用来打破的。在我的高级培训班上，这是一个重点讲授的问题。有时候，和善的人会遇到一些人的残酷行事作风，并因此感到很不习惯，这时候就会陷入僵局。其实这在很多时候仅仅是对方所使用的一种谈判手段，目的就是为了看看你能否让步屈服。

一定不要屈服——坚守自己的阵地，正襟危坐，然后问道："我们对这个问题应该怎样解决呢？我们现在遇到了一个问题，要怎样处理呢？"然后就保持沉默，听听对方会做出什么样的回答。

如果你其实是没有其他选择的——那么你接下来可以使用一个"是"标签问题（参见第八章）。比如："我们现在可以确认一点：双方都是真心实意想要达成协定的，是不是？"看看对方会说什么，然后或许可以建议休会一小会儿，让双方都思考一下如何才能达成一致。

重要提示！

你可以说："我们真的是想要达成合作共赢的，不是吗？"

当休会结束、谈判继续进行的时候，你可以向对方做出一定的让步，这个让步可以是很小的那种，当然甚至也可以是较大的那种让步（但是请牢记，你的让步一定要有交换条件，要从对方那里换到你想要的东西）。

有的时候，你们双方分歧太大，就是不能够达成协定，那么这时候你就应该抽身退出，并且要寻找自己的可选定位了。

重要提示！

要向对方提出打破僵局的办法，正如我们上文所提到的那样。

扩音器策略

这种手段指的是某些人故意把信息泄露给新闻媒体或者社交媒体，为的就是把事情闹大。

这种手段往往适用于某一项备受人们瞩目的谈判项目陷入僵局的时候。这时候有的人就会叫他们的媒体顾问找来一位记者朋友，两人进行一次没有记录的密谈，随后这位记者就会发布消息说，在伦敦金融区进行的某一项谈判破裂了，或者放出类似的消息。

由于谈判的双方迟迟不能够达成一致，公司的员工可能会饭碗不保，债权人的债务也面临着一定的风险。每个人都不会承认他们知道事情是如何公之于众的，包括泄露消息的人。那么猜猜接下来会发生什么事呢？所有人——社会公众、股票持有者——都会关注此事，进而对谈判双方形成巨大压力，而且公众的意见往往会促使谈判双方改变自己的谈判定位。

当政府想要测试公众对某件事情持有什么样的观点时，他们可能会使用这种手段。有些事情会突然进入公众的视野，也没有人知道这些消息是如何泄露出去的。

举个例子吧，比如政府想要集资修建新的医院，于是提议要增加税收，以此来观察公众的反应。如果公众对此持否定态度并且向政府提出质询，那么政府就可以否定这件事的真实性。如果公众赞成为了改善社会医疗而增加税收，那么，这件事就可以继续进行下去。当然这种策略可能也出现在一些较为小型的场合当中，比如一家地方报纸刊登了某人的一封信，或者某人在推特上故意泄露了什么信息。

重要提示！

在极端情况下，不经过专业的指导是不能够使用该策略的！

窃听以及其他问题

有些人认为窃听这种事情在商业谈判领域是不会发生的。当然这种行为肯定不是合作共赢该有的作风。然而，我本人却经历过两次这样的情况，一次是在巴黎，我在上文中已经提到过了；还有一次是在伦敦，当时我们非常确定我们的房间被对手安装了窃听装置。

当时我们就是感觉怪怪的，而且非常可笑的一点是，对方团队里有一个人的说话用词很古怪。他说："我们已经为您布置好了房间，为了让您能够进行分会讨论。"作为一名优秀的倾听者，我立刻就对他所说的"布置"一词提起了兴趣。所以，我们拒绝了他们的好意，在休会期间我们没有去他们准备好的房间，而是在街区附近闲逛，边走边讨论。

为什么他们要在我们的房间安装窃听器呢？就是为了了解我们的谈判策略，或许还想知道我们真正的撤出定价是多少！

曾经有人告诉我，罗伯特·麦克斯韦尔所在大楼的电梯里被人安装了窃听装置。我不知道这件事情是不是真的。但是我要建议所有的谈判者们时刻保持警惕。如果你们感到有什么事情不对劲儿——宁信其有不信其无。千万不要冒险，我们担心的事情总是会发生的。

重要提示！

这种手段是不建议大家使用的。

浪费时间——拖延——警察常用手段

谈判进行得时间越长，人们就越有可能被谈判所拖垮。

当谈判缺乏进展或者对方一直坚持不肯让步的时候，人们面对这种情况往往会最终同意对方的条件，尽管与自己的最优判断相违背。事实上，当人们处于疲惫的状态中时，他们往往更有可能做出非理性的决定，而这一规律可能会被人们当作一种手段加以利用。

在解救人质的过程中，派去和绑匪谈判的人往往可能会将谈判的时间拉得很长，目的是让绑匪疲惫、饥饿、渴。在很多时候，绑匪都处在一种兴奋状态，要么是吸毒之后的兴奋状态，要么是肾上腺素引发的兴奋，在这种情况下，他很可能就会做出不理智的举动了。

而人质解救谈判的目的就是为了让绑匪脱离这种兴奋状态，转而进入到一种理智的状态。在这种状态中，他们能够恢复想要与对方谈判的想法。谈判者不会说出任何再次激怒他的话。我曾经采访过一位警方人质谈判专家，他说他的声音让人感到非常无聊，而他本人也是个让人感到非常无聊的人。他认为这增加了他的谈判成功率。事实上，他的讲话在我听来真的是很无聊！

重要提示！

这种策略是不建议使用的。

要点回顾

·策略的使用，其目的是为了降低你的权力认知，是为了将你的定价压低至尽可能接近撤出定价，甚至可能还会更低。

·很多策略，例如高权威策略或者好 / 坏警察策略，如果使用得当都是非常有用的。

·很多时候人们是意识不到对方所施展的策略的——即便是在策略已经发挥功效、自己的权力认知已经受到削弱之后。

·谈判者们有必要理解对方所用计策的心理学意义，并且能够进行反击。

·通过了解策略，你将会成为一名更加自信的谈判者或者顾问。

第十四章　活用——一个心理学策略，影响对手

在本章中你将会学到：

· 谈判过程中能够使用的一系列心理技巧。

· 在谈判过程中实用心理技巧的优势。

· 如何使用承诺技巧让双方更快达成一致协议。

· 语言是如何影响谈判双方的。

影响，是胜利的关键一步

我一直热衷于研究心理学，研究人们做出各种行为的动机。也正因为如此，我总是密切地关注这一领域取得最高成就的人们，他们的研究过去曾给人们带来了改变，未来也将会是如此。

有些心理学研究者早就已经是心理学家了，比如罗伯特·恰尔迪尼（Robert Cialdini）；还有一些人是心理学家的学生——比如我，也是著名心理学学者的学生。我这么说不是为了夸耀我自己，但是我一提到这个话题脑海中就能够浮现出很多心理学家们的名字：理查·班德勒（Richard Bandler）、约翰·葛林德（John Grinder）、托尼·罗宾斯（Tony Robbins）、史蒂芬·柯维（Steven Covey）、罗布·杨（Rob Yeung）……当然这只是我能够想到的众多名字当中的很小一部分而已。

正因如此，本章的内容对于读者们进行谈判是有着非常重要的意义的。

想要得到一个合作共赢的谈判之局，影响对方是关键的一步。

在谈判中，影响是至关重要的一部分，我们都需要用影响的方法来说服我们的谈判伙伴，让他们相信支付我们所提出的价格是值得的，并同意我们的请求，做出一些商业上的让步，以便共同达成一些看起来很困难的目标。

所谓影响，就意味着我们要使用尽可能多的技巧、尽可能多的信息、尽可能多的学识，经过恰当的处理，使得谈判中的对方能够看得到我们的提议能给对方

带来的种种好处。

因此，在影响的过程中，心理学上的影响是非常重要的。

这么多年以来，我一直在做的工作，总结起来就是去学习、理解、吸收社会科学研究者们的研究成果，领悟这些成果是如何使用到谈判进程中的。我一直是这方面的学习者、传授者、实践者。

在这方面，存在着大量的心理学技巧，我们称之为心理学谈判策略。

大多数的影响技巧都是在一般人能够感知的水平以下发挥作用的，换言之，是潜移默化的。

罗伯特·恰尔迪尼是第一位开始研究，并真正深入探寻那些并不为我们所注意的影响因素的心理学家。他所提出的六大影响理论至今仍然作为该领域研究的中流砥柱，出现在很多关于影响与说服他人的著作当中。

这些技巧如果在你进行谈判之前就开始使用，那么将会收到更好的效果。

所以，它们在你的谈判准备工作当中，在你的谈判定位与谈判计划中都占据着至关重要的地位。甚至可以说，这些技巧的重要性几乎可以比得上你为谈判做的策划案本身了。

这六大影响策略是：

1. 联系策略

要确保对方对你是有好感的。人们往往会向他们喜欢的人付钱或者被他们影响。否则的话后果就很明显了：如果一个人不喜欢你，那么他们是不可能被你影响的。

2. 交互策略

无条件地向对方提供一些东西，不索取回报，这样的举动往往会在对方心中建立起互惠的倾向。

3. 稀缺性策略

人们往往更想得到他们认为自己所缺乏的东西，或者他们认为自己可能会遗漏的东西。

4. 社会认同策略

人们总是看见别人有什么东西，自己就也想要，即便有时候根本没有任何理性的缘由。

5. 权威策略

人们往往更加容易被身处高权威位置的人所劝服，或者是那些在外貌上、在声音上、在直观印象上引起他们重视的人，再或者是那些因为学识渊博而拥有话语权的人。

6. 承诺及一致性策略

如果一个人向你做出了什么承诺，那么随后他想要反悔是很难的。

重要提示！

恰尔迪尼曾经说过："在你正式开始谈判、影响以及劝说的行动之前，你越多地合理使用这些策略，你成功的可能性就越大。"

这些策略之所以会有效，是因为它们符合了我们的大脑认知结构。我们的大脑对于某些特定事情就是有好恶的，而这些好恶都可以追溯到我们的大脑在爬虫类时代形成的一些生存策略。

如果我们觉得我们的大脑是我们的一部分，是把我们的无意识的身体同我们的意识相联系的一个器官，那么我们可以得出下列结论：

· 我们的大脑喜欢那些对我们友善的人。它喜欢礼物，喜欢免费的东西。它喜欢别人所拥有的东西，喜欢别人所做过的事情。它喜欢专家。

· 我们的大脑不喜欢欠别人人情，它不喜欢对已经商量好了的事情反悔，它也不喜欢与自己价值观太过相反的人。

接下来让我们更加细致地讨论一下这几个策略：

策略 1：联系策略

人们往往喜欢那些与自己相似的人。

戴尔·卡耐基曾经写过一本书，叫作《如何赢得朋友并影响他人》这本书是第一本讨论人际关系心理学的著作，这本书的书名起得也很有意思。该书在人际相处这一领域成为一本权威著作。书中介绍人与人之间相处的第一前提就是站在他人的角度看问题，所谓"将心比心"。这是我早期读过的关于个人能力发展的最初几本书之一，现如今这本书已经被一次又一次地再版发行。

这本书是 1937 年写成的，此后便不断被人们再版。一旦你赢得了朋友，那么你就能够很容易影响他们了。

重要提示!

永远不要忘记前面提到的 WIIFM 定理。

"WIIFM"基本原则,这个词看起来好像是从某一档广播节目中总结出来的,但实际上,这几个字母的含义是"what is in it for me(这对我有什么好处)"——当你站在别人的角度看问题的时候,一定要想想他们想要得到的是什么。如果你能够给他们真正想要的东西,而不是单凭主观臆断他们想要什么,那么一般来说他们也会让你得偿所愿的。

如果我们站在自己的角度去推想人们想要什么,往往是不能得出正确结论的。全世界有将近 70 亿人口,每个人都有着不同的指纹,每个人都有着不同的视网膜形状,所以每个人也都有着不同的视角。想要知道别人真正想要的东西是什么,开口问问就知道了。

注意!

对那些利用你的人,要保持警惕。

面对自己的朋友、自己喜欢的人、和自己有着亲密关系的人,人们往往很难拒绝对方的要求,而这一点有时候却成为人们所利用的策略点。

在我们这本书里,我并不打算过多讨论利用别人的问题;我要讨论的是如何通过谈判达成一个和合作共赢的局面。然而,我们还是要清醒地意识到,有时候这世界上有些人就是会利用别人,使用各种各样的小伎俩。你越能够清醒意识到这些小伎俩,就越能够出色地完成自己的工作,成为一名出色的谈判者。

相反,如果你做不到这一点,那么后果也是很明显的:一般情况下,人们是不会被自己不喜欢的人所影响的,除非他们拥有凌驾于自己之上的话语权,比如社会地位、权威性或者某种不公平的权力。

所以说,好感度在任何的影响或者谈判的情况案例中都是非常重要的,因为如果一个人喜欢你,他就会很容易被你所影响。

反过来看,如果你发现自己在与某个人相识之后的一小段时间里非常喜欢他/ 她,那么这时候最好冷静地问一问自己,这种关系是不是太好了,好到有点儿让人难以相信。接下来你可以抽身止步,暂停讨论,或者进行隔夜思考,或者花一些时间理性地考虑一下自己所处的位置。这也是为什么你在做出谈判的最终决定之前一定要休会一段时间的最基本原因之一。

如果你想要让人们对你产生好感并且让自己很容易与对方建立联系，那么有一些小动作可以试一试。这些事都是日常生活运行中必不可少的小事情，而且也很容易完成。但是，如果对方以这种方式对你示好，那么你需要好好考虑一下，对方是不是在利用这些心理学技巧，鼓动你做出快速的决定。

你和你的团队是否受到喜爱

我当年在巴克莱银行工作的时候，曾经把我的团队单独聚在一起一天的时间，用头脑风暴思考我们如何能够让自己的银行变得与众不同。

我们当时所处的是一个巨大的企业市场之中，在这个市场中，各家银行所提供的企业贷款之间其实是没有区别的。对于企业来说，从哪家银行贷到款其实都无所谓，真正重要的是银行所提供的服务、银行的客户经理及银行的工作效率。真正重要的是银行能够为客户提供他们想要的东西，能够得到客户的喜爱和信任。

正因如此，在分析了我们所负责的全球范围内的一百五十个分行账目之后，我们终于意识到一点：我们的众多客户之中，只有极少数的几个案例中，客户与财务经理或财务主管之间没有保持联系。

想要赢得快速的胜利，想要速战速决地拿到订单，那就要改变一些人员的安排，比如有些项目意味着更有可能与多种性格的人打交道，那么就可以把业务主管换到那里去。这样做的效果是非常显著的。

下面介绍一些实用的技巧。

建立亲密关系

一定要有意识地去做一些能够让对方对你产生好感的事情。比如你可以轻轻地配合并模仿对方的肢体语言、语音语调以及说话用词，这样就更有可能去影响对方。面对性格安静的人，不要大声喊话；而面对厚脸皮的人，不要表现得害羞。当你感觉到你们两人正在建立交往关系的时候，你就可以开始"引领"对方了，办法就是巧妙地改变你先前去模仿对方的这些行为。这个过程叫作同步与引领策略。

奉承

在你夸奖别人的时候，请一定做到用词巧妙、有理有据并且真实诚恳；人们会因为你向他们给出的积极反馈而喜欢你。我们往往都喜欢那些喜欢我们并且行事风格与我们相似的人。

重要提示!

面对恭维我们的人，我们往往会不自觉地做出积极正面的回应。

身体吸引力

当一个人在外表上很有吸引力的时候，大众对他的态度往往会加倍宽容。其实我们的外在吸引力，有 90% 的成分来自于我们的着装，与我们的身材长相关系并不大。正因如此，如果你能够合适地安排服装，把头发梳理整齐，看起来时髦一点儿，那么人们就会对你慷慨得多。

因此，正确的穿着应该与对方相类似，或许还需要比对方更加时髦一点儿，这是关于职业着装有一条基本规范——尽可能穿着与对方相似的衣服。

我经常在会见某人之前特地安排穿戴，通常我都会在我将要穿着的正常服装上面再加一件衣服，仅仅是稍微加一件而已。一般情况下，当双方见面之后，如果我发现对方穿着比较随意，那么我就会快速去掉我的领带和夹克，让自己的着装水平降到与对方一样的高度。

保持积极的姿态

我们天生有一种倾向性，那就是我们往往会喜欢那些给我们带来好消息的人。积极的人会给人带来正能量以及乐观情绪。相反我们天生就倾向于讨厌那些会给我们带来坏情绪的人。

使用积极正面的语言（在本章末尾我为大家列出了一些常用的正面用语）。请检查你的用词，确保你使用的语言都是能够带来积极正面影响的。

不要枪杀信使

这个说法来自于古代的故事传说。故事中描述的信使如果带来好消息往往会被奖赏，而带来坏消息的信使则会被杀死。

我记得曾经服务过一位老板，这位老板说过："我想要知道正在发生的一切事情，无论是好消息还是坏消息，我都希望第一时间得到消息。"可是我很早以前就发现，这位老板是个听不得坏消息的主儿，因为有一次我跟他报告了一个坏消息，结果我就被谴责了，他还责备我不应该专挑出坏消息来让他看。所以对这种人来说最好就把坏消息交给别人——让老板自己去发现坏消息好了。

我当时非常惊讶的一点是，他竟然会犯这种致命的错误。要知道，这种领导方式让他失去了声誉。而他也因此再不能了解到本应了解的全面信息了。

我曾经听说过很多类似的故事，那些专制独裁的总裁们往往听不得坏消息。而那些生杀大权掌握在总裁手里的下层员工们，也就根本不敢把坏消息告诉总裁。也正因为如此，有些公司往往会陷入困境，因为他们对前线的销售数据并没有应有的了解，而造成这一点的原因，正是他们让手下形成了报喜不报忧的习惯。

"作为一名律师的职责，就是要让陪审团对被告产生好感。"

——安德鲁·亨利（Andrew Henley）著名律师

汽车销售

在谈到这一话题的时候，我们就非常有必要去研究一下那些金牌汽车销售员的工作了。实际上他们的大部分时间都花在与顾客融洽相处上面，因为一旦他们博得了顾客的喜爱、信任以及信赖，那么销售环节就会进行得非常顺利了。

在两年前，我和妻子走进当地的一家大众汽车销售点，在那里我们给儿子买了一辆汽车。当时的销售人员叫作保罗，他在我俩未经通报姓名的时候，竟然就叫出了我们的名字！这样的行为会产生多大威力呢？想一想如果汽车产品的大部分性能都差不多的话，我们是不是会更有可能从他那里买车，而不是从其他人手里买呢？

"人性的最深层次原则，是渴望被人欣赏。"

——威廉·詹姆斯（William James）19 世纪哲学家

伊万·巴甫洛夫的实验

巴甫洛夫之所以扬名后世，是因为他提出了我们常说的经典条件反射理论。他的研究——在给狗喂食物的时候摇响铃铛——是史无前例的。他摇响了铃铛，给狗拿出了食物，狗狗们流着口水开始吃。

后来巴甫洛夫发现，狗只要一听到铃铛的响声就会流口水，根本不需要给它们拿出食物或者喂给它们。这就是人们所知道的思维锚定。当你和某人一起享用你所喜欢的食物和饮品的时候，这似乎也会触发你对这个人的喜爱之情。在巴甫洛夫的条件反射理论发表了 120 年后的今天，我们又发现，通过共进午餐、共同喝点饮料这样的社交行为，可以培养一种好感度的链接。

部落——年龄、宗教信仰、政治、社会团体

团体行为，比如在观看足球比赛的时候的种种群体行为，就可以被描述成是一种部落行为。人们往往会更喜欢来自自己部落的人、来自自己宗教团体内的人、与自己有同样政治主张的人、与自己同在一个体育俱乐部里的人。这就叫作相似性原则：我会喜欢跟我相似的人。

我曾经在一家英国零销商集团里与一位相当难缠的客户进行谈判，他当时使用的是经典的采购策略：咄咄逼人，杀你个措手不及，传达出一种"你需要我大于我需要你"的思想，诸如此类。我带他出去共进一餐，结果发现我们两个都玩儿曲棍冰球，虽然时间不同，但是我们都在同一家俱乐部——圣奥尔本斯曲棍球俱乐部。这一共同点在很大程度上把我们接下来的谈判气氛给软化了。虽然那一次的谈判我们并没有成功地以预想的数字获得对方的订单，但是我谈到的价格却比之前的谈判结果改善了一大截，而且从那以后，我的谈判能力也得到了提升。

红脸白脸策略

我在本书第十三章的心理学策略部分，讲到过这一谈判技巧。这一谈判技巧之所以能够发挥功效，就是因为唱白脸（扮演坏人）的人在谈判中先用咄咄逼人的姿态给对手以震慑，这样，当红脸（扮演好人）的人出现的时候，他可以和唱白脸的进行整编，然后对谈判对手展现出和善的一面，积极地表示愿意接受对方的条件。在这个技巧中，这一系列的动作会营造出一个假象：似乎唱红脸的人更喜欢谈判对手，所以这个人是值得信赖并且可以站在同一战线上的。

注意！

人们往往更愿意答应那些他们熟知并且喜欢的人所提出的要求。他们往往倾向于相信对方。但是你要小心——信任是要靠实际行动才能证明的！

策略 2：交互策略

如果你无条件地给予某人什么东西，那么对方就会觉得他们始终亏欠你点儿什么。

这是人类天性的一条成文法则，几乎镌刻进了每个人的基因里面。

有趣的一点是，你给对方的东西与对方认为他们应该回报给你的东西之间，其价值往往相似度并不高。

比如帮对方一个忙，就是这样的一种给予，对方就会觉得他有朝一日一定要为你做点儿什么才行。友谊的小礼物、善意、小型的娱乐活动、记住对方的生日、圣诞贺卡、周年纪念日祝福等等，都是可以起到这方面作用的。

当你在百忙之中抽出时间来倾听对方讲述自己的问题，那么你的行为就会显得难能可贵。在你与人进行互动这一方面，有句老话是非常有用的："投之以桃，报之以李。"

重要提示！

为他人做一些有帮助的事情，不要向对方索取回报，这样反而会让人觉得他对你有所亏欠。这种行为一定要是发自内心的真诚的行为：如果你不够真诚，大多数人都会第一眼就看得出来。

除了助人为乐，热情待人也是可以发挥同样功效的。不过也正因为如此，我们才应该在接受别人的热情以及向别人表示热情之前三思，因为我们决不允许我们的热情被人说成是一种贿赂。

有些公司直接规定了员工不得接受他人的热情款待，如果不得不接受，那么不得超过一定限度的金额。我曾经与很多人共事过，其中包括英国国家医疗服务体系（National Health Service）的决策者、金融从业者以及采购官，我非常清楚地了解到，这些人除了教育性活动的邀请，一般是不会接受别人的任何好处的。

我曾经在金融服务业工作过，当时我的一位顾客曾经邀请大家到一个著名足球场的贵宾包间里面看球。他发现那些非常喜欢足球的人，都对他怀有高度的感激之情，尤其在被他邀请到伦敦最大的足球俱乐部之后，而且在以后的日子里，无论这些人多么忙，只要他需要，随叫随到。

我不知道我的这位客户有没有招揽到更多的生意，但是我却明确知道一点，他在竞争当中是有很多支持者的。在这里，互惠原则是发挥了作用的。

花多少钱并不重要。就在这本书的创作期间，我曾经与一位客户在价钱问题上出现了潜在的分歧。他想要通过电话会议解决，我则建议进行面对面的会谈；他建议会谈地点定在他们的办公室，而我则建议谈判地点在利物浦大街车站附近的一家酒吧里。我这样建议的原因是我这位客户回家的路上要经过那里，而我当时也正在伦敦看阿森纳与南汉普顿两支足球队间的比赛。我们之间的会面持续了25分钟，我买了两品脱的啤酒，我们边喝边聊，在会面的10分钟里就把事情给搞定了。

其他的一些关于互惠原则的例子，也是同样的道理。比如超市往往会提供免费试用的样品，比如饭店的服务员往往会在客人用餐之后提供糖果，而这则可以让顾客愿意支付更高的小费。这些事情在商业领域都是大同小异的，这也就是为什么很多公司会为消费者提供免费试用样品的原因。

"你给了别人什么，不要耿耿于怀，别人给你什么，一定要铭刻于心。"

——威廉·詹姆斯，19世纪哲学家

我曾经读到过一篇关于美国一名汽车销售员的故事。这位汽车销售员据说创造了比全美国任何汽车销售员都要好的业绩。他雇用了一名私人助手，让他给自己曾经服务过的所有客户寄生日贺卡、圣诞节贺卡、周年纪念日贺卡，这样的行为坚持了超过20年的时间。所以这位销售员的回头客比其他任何销售员都要多，他的客户出于忠诚度，往往都会回到他这里来进行消费。

策略 3：稀缺性策略

"人们对那些限量供应的东西，往往是非常渴望的。所以无论何时都要强调自己产品的独一无二的优势，强调自己独家拥有的信息资源。"

我们天生都倾向于渴望那些具有稀缺性的东西。这是我们天性当中另外一个与生俱来的心理学现象，这个现象往往并不是出于理性。

然而，当我们作为谈判者时就必须注意到这一点。该现象的意义在于我们可以准确定位我们所拥有的资源和对方所拥有的资源，声称这些资源是因为稀缺性而具有更高价值的。

我所服务的客户，如果他们所掌握的是一种稀缺的或者供不应求的服务，那么这种服务往往就会被认为是具有高价值的。而有些时候，如果将某些商品捂盘惜售，那么这种商品在别人的眼中就会被赋予更高的价值。

我的客户当中，有一位是在咨询机构工作的。他们的公司结构很小众。他们的公司所有制结构（他们的公司所有权在员工手里）意味着他们的服务往往能够被认定是具有更高价值的。他们可以花更多的时间与客户共处，提供各种服务等，因为他们的员工不需要每隔 6 个月就向上级提交一份股票市场利润分析报告，也没有必要向除自己以外的其他股票持有者们做出报告。所以他们的服务真的是稀缺性的。

我曾经建议他们，在接洽生意、对外展示以及谈判的时候，将上文所提到的他们服务的特别属性作为独家的销售宣传点（USP）并作为他们的价值定位的一部分。

在谈判、商业经营以及销售的过程中，我们可以看到一些关于稀缺性策略使用的例子，兹选取一部分，暂列如下：

· "该优惠活动将只持续到周六。"

· "限量版"—— 这一策略经常出现在个性化的汽车当中，商家会把汽车做成限量版。当然这种策略也出现在具有纪念意义的陶瓷工艺品当中。

· "在接下来的几个月里，我只有几天的时间可以空出来"——这种策略经常被咨询师们所使用，目的就是为了显示出资源的稀缺性，尽快结束议价，让自己的价钱抬高一点。

· 曾经有一段时间，经典的迪士尼电影只会在圣诞节前后的 3 周时间内放映。

· 音乐会的门票在开售后不久马上就宣布售罄。突然间你又会看到消息说，第二天还会再开一场音乐会。然后你又会看到后续的演唱会门票出售信息……滚石音乐会最近在伦敦海德公园（Hyde Park）演出，他们的门票售价是每张一百英镑，几乎一经发售就很快售罄。而正因为如此，有些真的想要去听音乐会的人不得不付出 200 英镑的高价从别人手中买票。

重要提示！

在生活中，有些机会如果显得难得一遇，那么它们似乎就会更加弥足珍贵。

策略 4：社会认同策略

人们往往会想要得到别人所拥有的东西，想要做别人所做过的事情。因此，如果你想要影响别人，你可以试试向对方展示你手中拥有的、别人都想要的东西。如果你成功做到了这一点，那么你将有可能吸引对方为了得到这件东西而与你进行谈判。

人们总是关心别人买了什么、别人拥有什么、别人向哪家慈善机构捐了款，人们总是会遵从与自己相类似的人的引导。正因如此，在你和客户介绍你的产品的时候，如果想要让对方对产品感兴趣并开始议价，那么你就应该向他们讲述其他消费者的一些故事：别的客户是如何使用你的产品和服务并且受到非常出色的效果的。

如果你能够从过往的客户那里得到一些书面证明，证明你的产品质量很好，那么把这些证明呈现给你当前的客户，无疑会让你的销售顺风顺水。打印成文的资料是非常具有说服力的。如果你手上一时还没有这样的资料，那么你可以向过往的一位客户求助，看看他是否愿意做一次口头的回访，或者以邮件的方式直接给你现在正在争取的这位客户发送一封证明书，用来帮助你的谈判顺利进行。

其实对于大多数有商业经验的客户来说，他们是愿意为你做证明的。只要你足够礼貌地提出这个要求，并且向对方暗示你现在想要达成的目的。

人们总是会被别人做过的事情所影响。比如说：

· 一个乞丐如果碗里已经有了一些钱（但是不要太多），那么他就更有可能得到别人的捐助。

· 在星巴克，小费箱里往往塞满了各种各样的硬币，人们就会觉得既然别人都给了小费了，那么自己也应该给一点儿。

· 电视节目制作者往往会在搞笑节目当中插入事先录制好的笑声，因为当观众听到别人在笑的时候，往往也会跟着笑起来。

重要提示！

这是一个跟谈判直接相关的市场营销技巧。我经常建议我的客户，应该向人们表达出自己很忙的信息（不过由于某种原因，有时候人们往往会把他人有很多事情要做这种事理解为对方能力不足的信号）。我还建议他们应该把接待室的墙上都张贴上用户的好评。他们的网站上应该刊登一些来自满意用户的评价信。在我最近出版的一本书《权力谈判》中，我用了整整三页的篇幅，来转载用户的好评，我的这些用户们非常愿意分享他们的亲身经历，愿意向人们讲述他们自从与我合作之后获得了多大的收益。人们总是习惯于相信别人所说的话，而不是你所说的。

策略 5：权威策略

"人们都尊重专家，所以请务必展示你的专业性。"

——罗伯特·恰尔迪尼

你的外表是否展示了你的专业性？你的发言是否展示了你的专业性？你的公司在各个方面——品牌营销、第一印象打造、处理问题、投诉以及批评的模式——是否表现出了一个真正对业务了如指掌的专业化形象？

如果我们走进豪华汽车展示厅进行一番观察，看看他们是如何给自己的产品和服务做定位的，我们就可以从中学到很多东西。如果要让我评价他们的行为，我唯一要说的就是他们做得简直登峰造极。可是回过头来反观我们自己，想一想我们如何能够增加自己在客户心中的潜在的权威性呢？

首先我们看看你平时开的车，我认识的人当中，有一些人认为自己的权威性是通过他们所开的车体现出来的：一位女采购官开着一辆宝马 7 系列轿车，她对谈判中取得胜利是志在必得的；一位冷冻食品公司的总裁在自己的停车位上停了一辆法拉利，似乎在商业竞争的环境中，有很多人，尤其是男人，会根据对方所开的车的档次来判断这个人的社会地位高低。

个人来讲，我认为那些过于炫耀的车子反而会给人留下坏的印象。所以我的意见是，开什么车一定要考虑到当时的情形和环境。

当然，如果你真的想要认真对待座驾的问题，想要获得那样的权威性，那么你还是要确保自己拥有一辆性价比不错，而且可能是质优价高的好车。

服饰如何能够发挥作用

很多研究者都给服饰起名叫作"trappings"[①]，这样的称呼是不是因为服饰会像陷阱一样引诱你去相信某些人是专家呢？下面将列举几个例子，向读者们展示服饰发挥的作用。

1. 合格证书照片中的服饰——展示在接待室里面。

2. 人们名字后面所加的用来表示职衔的缩写字母——可以显示你的职业资格性。

3. 制服——比如警察或者海关人员所穿的制服，等等。

我在坐火车回伦敦的路上遇到了一位铁路警察，他戴着一顶警帽，看上去就像是一名警察巡视官一样。当他开始检票的时候，我惊讶地发现，乘客们竟然出乎意料地配合他的检查，没有任何一个人拒绝支付车票钱。我问他之所以戴着警帽，是故意为之还是平时就喜欢戴警帽。他告诉我说，他是故意这样做的，他还说在他们的团队里，他的税收率是比其他同事都要高的。他从来不会遭到深夜醉酒之人的挑衅，因为这些人看到他头上的警帽，心中就已经认定了他的权威性。

这也就能够解释为什么海关人员以及商场的安保人员都开始穿着具有权威性的制服了。

我本人在使用权威策略的时候往往是以如下的方式：首先，在去发表演讲的时候，我一般会穿得比我的观众们想象的要多一点。这样如果我发现观众们的穿着比较随意的话，我就会减少我身上的衣物，比如摘掉领带、脱掉外套等，用来建立与对方之间的亲密融洽关系。不过我从来不会在谈话过程中再穿上衣服了。此外，我还会把我的著作以及 DVD 光盘资料拿出来展示。这样做不仅仅是为了把东西推销给他们（尽管这些资料真的很棒），更是为了向他们显示，作为一名职业谈判领域的专家，我是有权威性的。

在你准备商业名片、建立领英网个人主页的时候，请一定要注意使用自己的资格认证。

---

① 译者注：trappings"服饰"一词在英语中还带有陷阱、困住的意思。

重要提示！

请思考一下，通过使用上面所提到的这些细微的但是非常有效的技巧，你将如何提升你自己的品位，并以此提升你在谈判中的定位，进而提高你的定价！

身心相连的权威性——安慰剂效应 [①]

我曾经读到过，当医生使用安慰剂的时候，他对此药物的疗效越有信心，那么安慰剂产生的效果就越好。这也就能够解释为什么很多医生在使用安慰剂的时候，一定不能事先知道自己所使用的药物就是安慰剂，否则他一定会通过一些非言语上的信息泄露给患者的。

勇敢面对权威——人们一般不愿意这样做

船长、机长、战争中的将帅、国家的首相以及总统往往拥有巨大的权威，以至于人们是不愿意与他们进行争辩的，也不愿意提出与他们观点相反的言论，即便心里知道他们是错的。

权威性太大的风险

多年以前，当一位德高望重的机长在飞机于东米德兰兹机场着陆过程中关掉了不该关闭的发动机时，他的副手飞行员其实注意到了他的错误，但是他并没有站出来指出机长的错误。[②] 如今，航空业的最高管理层们特地规定，在训练助手飞行员的过程中，一定要教会他们克服对权威的偏见尊重，在遇到问题时挺身而出，直言问题。

我曾经拜访过一位客户的办公场所。当我走进接待室的时候，我看见接待柜台里是没有人的，按铃也没有人应答。我环顾四周，发现办公环境又脏又乱。那真是我记忆当中见过的最差的办公区域了。我认为，虽然最近由于经济危机，各

---

① 译者注：安慰剂本来是一种无效的药物，主要是给患者提供精神上的安慰。

② 译者注：这句话描述的是英伦航空 92 号空难。1989 年 1 月 8 日英伦航空 92 号班机于英国莱斯特郡的东米德兰兹机场做紧急着陆时坠毁于附近的 M1 公路的堤围上，造成机上47 人死亡，74 人受伤。

家企业不得不缩减开支，但是他们也应该对自己的企业形象小心维护，不要让客户对他们的品牌以及产品定位造成糟糕的第一印象，更不要因此而让自己在谈判中处于劣势，只能要到比本来价格更低的定价。

策略 6：承诺及一致性策略

"人们对自己明确承诺过的话往往言出必行。"

一旦人们以非常积极的态度，在公共场合自愿做出某种承诺，那么他们往往会坚持信守承诺，因为他们想要树立一个言行一致的形象。

如果你想要让你的合作伙伴做出承诺，那么你可以使用这样的措辞："如果我们这样做，您会决定购买吗？"

很多减肥中心以及类似的商业团体之所以能够获得成功，其背后非常关键的一个动因就在于他们的客户们往往在减肥之前就已经相互做出了要减肥的公开承诺。这也就使得人们非常难于反悔，因为害怕会因此损害自己的信誉。

所以，当你想要促成一单生意，而你的客户正在要求降价的时候，你就可以说："如果我能够做出 XX 的降价，那么您就会决定购买了，是不是？"通过这种办法，你就能够在真正确定要降价之前就先行得到对方的购买承诺。我有一位客户，在面对一家大型供应商要求降价的时候，就将这种承诺策略发挥到了极致（参见第十五章）。

有趣的是，一旦客户填写了订购单之后，他们就不太可能再去改变主意或者取消订购单了。

语言如何影响谈判中的双方
"因为"一词的威力

注意！

当你在谈判中向对方提出某种要求的时候，请一定确保自己的要求是有理由的——使用"原因因素"。哈佛商学院的一位心理学专家埃伦·兰格（Ellen Langer）曾经对"因为"一词的使用及其对人们产生的效果做了一些重要的研究。

她曾经进行了一次实验①，在实验中，她安排一位学生在排队使用打印机的时候插队，分别三次使用三种不同的方式：

1. "抱歉打扰了，我有 5 页文件要复印，请问我可以先使用这台复印机吗？"有 60% 的学生允许了这种插队行为。

2. "不好意思，我有 5 页文件需要复印。请问我可以先使用这台复印机吗？因为我现在急等着用这些文件。"有 94% 的人同意了插队行为。

3. "不好意思，我有 5 页文件需要复印。请问我可以先使用这台复印机吗？因为我现在要复印一些文件。"居然有 93% 的学生允许了插队行为，尽管这次提出的理由简直荒唐可笑。

这一实验直接导出的结论是人的无意识现象。人们在生活中对于周围发生的很多事情其实并没有认真地去看、去听，因为他们面对所身处的这种情况早已是司空见惯，感到千篇一律了。真正让他们允许插队行为发生的，其实是"因为"一词带来的压力。

重要提示！

读者朋友可能会发现，我们这里所讲的一些原则之间是有重叠的。他们之间当然本来就是重叠的，这也就是为什么我会建议大家尽可能多地使用技巧的原因，我们需要以真诚的热忱，与人们之间建立联系。

"星巴克谈判家"② 所见的关于影响的众多秘诀

我喜欢邀请对方到一家不错的咖啡厅里会谈，一边喝着咖啡一边谈生意。这样做的原因如下：

1. 这是一个中立的场地。

2. 咖啡店的桌子是圆的。

3. 每次我都会坚持为对方买单。

4. 这也不会花费太多时间，是非正式的会谈。

---

① 作者注：资料来源：兰格·E（Langer. E）布兰克·A（Blank. A）和查诺维兹·B 著《表面上经过思考的行为的无意识性："安慰剂性质的"信息在人际互动中的作用（*The mindlessness of ostensibly thoughtful action: The role of 'placebic' information in interpersonal interaction*）》刊载于《与社会心理学杂志（*Journal of Personality and Social Psychology*）》第 36, 635 - 642 号刊。

② 译者注："星巴克谈判家"是作者的绰号。

5. 人们往往会对这样的会谈感到舒服。

关于影响与议价的重要提示

在这里我必须强调一点，那就是影响与议价是完全不同的两回事。在我们讨论关于影响的话题的这一章中，我们讨论的是无条件给予对方一些东西并不求回报（互惠）这种行为的影响力。我们无条件给予的目的是建立亲密关系，从心理学上是在对方意识中埋下他对你有所亏欠的种子。

而在第十五章当中，我们主要讨论的则不再是无条件地给予对方任何东西了，在议价当中，所有的给予都是有条件的。

在议价的话题中，我们事实上是在将一次谈判推向结束，我们要努力地得出一个结论来——这一点与影响对方来作为谈判的开场是正好相反的。议价活动中的中心话语就是："如果您为我们做出那样的让步，我们就给您这样的回报。"所有的让步都是有条件的。

当然，在谈判刚开始进行的时候你还是可以无条件给对方一些无关紧要的好处，目的是为了试探对方的反应。

"话语有着巨大的力量，它可以影响一个人，所以在选择话语的时候一定要谨慎。"

话语可以影响一个人，话语能为人带来能量，话语能为人带来行动。你选择什么样的话语，这一点是至关重要的。

无论你的话是说给自己听的（也就是内心对话）还是说给他人听的，你的话都应该对你自己产生积极的影响，推动你前行，否则的话它就会产生消极负面的影响。所以说，言语如逆水行舟，不进则退。

一般来说，人们在商业交易的情况下往往都会更加喜欢那些能够带来正能量的人。这里刚好为大家列举了一些能够增强力量、积极向上以及让人精力充沛的词。每个词的首字母都是不一样的，它们刚好构成了一张单词表。看一看其中哪个词是你所中意的呢？

首字母从 A 到 Z 的惊艳词语：

惊艳的（Amazing）　　　　　温和中庸的（Neutron）

杰出的（Brilliant）　　　　　出色的（Outstanding）

好奇的（Curious）　　　　　有力量的（Powerful）

令人愉快的（Delightful）

超凡的（Extraordinary）

奇妙的（Fantastic）

了不起的（Great）

巨大的（Huge）

难以置信/振奋人心的（Incredible/inspirational）

活泼的（Vivacious）

喜气洋洋的（Jubilant）

制胜一击（Knock-out）

可爱的（Lovely）

宏伟的（Magnificent）

突飞猛进（Quantum）

富足的（Rich）

感人至深的（Sensational）

惊人的（Tremendous）

难以置信的（Unbelievable）

精彩绝伦的（Wonderful）

超凡的（extraordinary）

完全同意（Yes Yes Yes）

有禅意的（Zen）

有助于促进销售的词语

下面列举了一些有助于促进销售的词语，这些词语是根据语言研究者泰德·尼古拉斯（Ted Nicholas）的研究成果而选取的。

请注意这些词语的使用一定要恰当合理，要确保你的产品和服务是对客户有所帮助的。

做某事的新方式（New methods of ……）

这样问题就解决了（This is the solution）

……的秘诀（Secrets of ……）

最重要的是（Most important）

机不可失（Now is the time ……）

免费的（Free）

惊艳的（Amazing）

这个构想的价值会有多大呢？（How much is this idea worth?）

你所……的真相（Facts you ……）

你一定会喜欢……（You will love the way ……）

最后（At last）

议价（Bargain）

假设（Assuming）

是的（Yes）

突破（Breakthrough）

议价（Bargain）

这里是做某事的方法（Here is a way to ……）

完全同意（YES）

……的真实面貌（The real truth of ……）

向着…迈进（The steps towards ……）

影响的知觉线索

每个人都有自己喜欢的沟通渠道。有些人喜欢通过视觉来沟通，这类人占到60%。还有一些人喜欢通过听觉来沟通，这类人占到20%。还有一些人喜欢通过肢体动觉的渠道进行沟通，这类人所占的比例也是20%。

那么你所偏好的沟通渠道到底是哪一种呢？最重要的一点是，你一定要学会倾听你的客户，学会倾听你即将与之谈判的这个人，并且找出他最喜欢的沟通渠道。你和对方沟通得越多，对方就越有可能喜欢你。而对方越喜欢你，他们就越有可能被你说服、影响，你的谈判就越有可能成功。

这里是关于三种沟通渠道的例子：

· 我能看出你要表达的意思。（视觉）

· 我能听懂你说的话。（听觉）

· 我能够理解你要传达的含义。（动觉）

· 我很看重一个人的外表。（视觉）

· 我能从一个人的声音中听出很多信息。（听觉）

· 我能通过握手了解一个人的更多信息。（动觉）

在一般性的展示活动、交流活动以及谈判活动中，优秀的销售员或者市场营销人员往往会同时使用上述三种渠道。举个例子，我们来看看谈判中的情况：

· 如果我们同意这一点要求，您是否都能够预见到事情的发展情况？

· 合同中的这一部分在您听起来感觉如何？

· 谈判中的这一选择对您来说是否有意义？

要点回顾：

· 对于策略一定要做到烂熟于心。

· 在真正开始谈判之前，一定要尽可能多地安排好各种策略。

· 请记住，如果对方认为你喜欢他们，他们就会愿意多花时间跟你相处，对你提出的问题也会更加准确详尽地回答。

· 请谨慎选择你的语言／话语。

· 最后，如果你能够真诚地把上述技巧付诸实践，那么你的客户将会很乐意跟你谈判，因为这些策略本来就是出自人的天性。

第十五章　讨价还价的具体方法

在本章中你将会学到：

· 理解议价心理学知识的重要性。

· 一些非常关键的议价技巧。

· 日常使用议价小窍门。

· 在谈判的议价过程中一些非常实用的想法。

引言

谈判可以是在你们双方坐在谈判桌上的时候开始，也可以在你们打电话的时候开始。一旦谈判开始了，你就逐渐地离对方的定位越来越近了。谈判（negotiating）与议价（bargaining）这两个单词在英语当中也有着与此类似的含义。

对于双方可能达成一致的区间，我们往往是一无所知的，但是我们在考虑到了所有已知和未知的因素之后，是可以进行我们自己的盘算并推测出对方的目标区间的。

所以，这就是做出行动的时机了。那么到底哪一方应该率先做出行动呢？对于这个问题，人们众说纷纭。有的人认为我们应该率先做出让步；还有些人认为应该让对方先做出让步；甚至还有些人认为谈判中第一个做出让步的人注定会成为谈判的输家。

对以上说法，我全都不同意。我的答案是，这完全取决于当时的具体情况。

然而，有时候我们可以采用一种策略：率先给对方做出一个小小的让步，为的是让谈判有一个好的开端能够顺利进行下去，而且也可以借此试探对方是否能够做到互惠。然而，请记住一句名言："让步是不能影响对方的。"对方也可能并不遵循互惠原则，所以这时候你可能就会想要参与一些有条件的行动了，要从对方那里拿到一些回报才行。这也正是"条件性谈判"一词的由来。

"议价（bargaining）"与"讨价还价（haggling）"的区别

以下是给议价和讨价还价分别下的定义。可以在不同的书中读到不同的定义，但是大家说的都是同一件事情。

我们通过议价和讨价还价而努力使谈判达成目的的过程，就是接近合作共赢结局的过程。

议价——是相对于较为长期的合作关系而言的。比如要和一家供应商商定年度的供应合同，或者就一个已经存在的订单进行协商。议价一般形容的都是为了得到长期合作关系而做出的努力。

讨价还价——更有可能倾向于一次性交易。比如在市场中，在商店里进行的"一锤子买卖"会用到这个词。

在最近的一次研讨会上，我遇到一位来自荷兰的女士。她竟然不懂得"讨价还价"这个词。似乎不同的语言当中对于要价还价的概念有不同的词语，但是它们与英语翻译之间的对照关系可能并不那么准确，并不能准确描述议价和讨价还价这两个词的含义。这个词在英语当中被叫作"易货（dickering）"。

保持议价和讨价还价的有趣姿态

你在谈判开始就显露出来的态度，对你谈判的最终结果有着巨大的影响。人们都喜欢跟那些对工作对生活态度积极向上的人做生意。在一片积极向上的氛围中，你也更容易让别人与你交谈并做出让步。

让讨价还价变得有趣。议价应该是有趣的，尤其是在零售行业、商场以及市场环境当中。你在谈判的时候，脸上应该带着微笑，在谈判的一开始，你可以提出非常滑稽荒谬的低定价作为调侃。

讨价还价在很多国家已经成为一种习俗，尤其是在欧洲偏南部的地方以及很多亚洲国家。

议价之前一定要考虑到当地的文化习俗，你可以通过谷歌搜索到当地文化的信息。

进入正确的状态

在你开始谈判前，你应该注意到如下几个基本点：

1. 让自己的大脑处于正确的状态，思路要清晰——在谈判之前一定要进入正确的状态或者思维框架当中。你可以花一点儿时间独处，把自己的思维过程进行捋顺，进入合适的思维模式。如果你连续说一连串的"是"这个词，那么你将会让大脑进入"是"模式，并以此来应对即将发生的一切事情。

2. 使用积极向上的言语——如果你的语言是用较为积极的词语所组成的，那么人们将会更加容易地理解你所表达的意思。请注意避免使用负面词语，例如"不会、不能"等等。

3. 对负面的言论进行重新解构——当对方说出一句负面的言论的时候——你可以重新把这句话安排一下，然后问对方："您的意思是不是……"要用积极向上的词语来重新描述问题。毕竟，每个问题反过来看都是一次机遇。对一个人来说有好处的东西，可能对另一个人就是有害的。当我们看到一个水杯装了一半的水，我们既可以认为它即将成为满的，也可以认为它即将成为空的。所有的事物都可以一分为二地看，所有的话语都可以用正反两种语言来描述！

4. 确保自己使用的"内心对话"也是积极向上的——要确保自己在内心中跟自己说的话也是关注于积极的谈判结果和谈判过程。杜绝一切负面的疑问和想法，因为这些想法将会对你的外部语言模式造成损害，进而损害到你的谈判结果。

议价

议价与讨价还价这两个概念是紧密相连、密不可分的。我之所以说它俩之间的区别，是为了澄清这两个词各自常用的场合。所以我们这一场还是要关注议价的话题（长期语境）。

然而，你可以在长期交易与短期交易两个领域都尝试操练一下自己的谈判技能，看看自己的谈判有哪些进步，看看自己从中能够获得哪些好处。

"我练习得越多，就越容易获胜。"

——盖理·普莱耶（Gary Player）

给自己留出施展策略的空间

如果你为自己留出策略施展空间，那么在谈判过程中，你将永远有降价的余地。在你做出承诺与让步的时候都可以降价。当我说到让步的时候，我指的是你所削减的要价的数值总和，或者对方所提高的要价数值总和。

我在第六章里面曾经提到了可变项目。可变项目就是指那些多余的、超出原本价位的、稍高一些的定价，这样的可变量将会对对方的价值进行增减的影响。

所以，如果在谈判一开始的时候你就能提出一个较高的定价，也就是你的最优定价，那么后面你就会有降价的空间了。如果你的最优定价没有被对方所接受，那么你可以提出一些优质的问题，用以推断对方为什么会不接受你的提议。

然而你要记住，一开始的要价可以高，但是一定要高得合理。千万不要因为漫天要价而让别人对你失去信任。这一点也是你根据当时的环境不得不做出的判断项。

永远都要给自己留出降价的空间。

这跟滑雪的道理是一样的：你在下坡的时候永远都是很容易的，但是如果你想要上坡，那么你就不得不花费巨大的努力爬回到山坡上。如果你一开始的定价是低的，那么后面再想要加价是非常困难的。

我的意思是，如果你想要降价，那么你总是能够找到合适的原因——比如说你又核查了价格数目，重新做了电子表格，重新考虑了产品中所包含的固定项目、可变项目、边际成本。你需要花费一点儿时间跟你的团队一起研究这些话术。

然而反过来看，如果你昨天已经提了一个价位，客户已经把这个价位牢记于心了，那么第二天如果你再想要涨价的话，从顾客角度来看这是非常难以接受的。

锚定价格

锚定价格是一种常用的议价策略。这会在谈判对手的思维中形成一种暗示：我们的产品是质优价高的。他们必须要付出巨大的努力才能够实现降价的目的，而且一旦他们成功地让我们降价了，他们应该为此而感到非常庆幸，认为自己谈判取得了巨大的成功。

举个例子，你可以这样说——"我们这款产品正常的定价是 10000 英镑。然而，在特定的情况下，由于我们更倾向于长期的用户关系，所以为了对长期客户予以优惠，我们也可能会为对方提供充分的折扣"。

所以卖家并没有在一开始出低价，相反，他一开始标高了价格，将价格锚定在 10000 英镑，并因此将对方以及旁观者对该产品的认定价格锚定在了一个较高的位置。

反过来看，一般情况下，为了锚定低价，买家可能会说："我们购买这种产品一般的支付价位只有 3000 英镑，所以您最好降一降价。"即便对方实际上愿意为该产品付出的价钱远高于这个价位，他们还是想要在卖家的心中锚定一个底价。

当你开始真正做出让步的时候，就可以在心理层面上让对方感觉到你做出了巨大的牺牲，而他们则得到了巨大的实惠。

在工会与雇主谈判的时候，这是非常常用的一个策略，他们往往在一开始锚定一个高的要求，看看对方会做出什么反应。

重要提示！

在提供三个选项、利用数字 3 的力量这一点上，我们也用到了同样的策略。三个选项中的第一个是高价选项，其目的是锚定；所以相比之下第二个选项听起来就要低得多了——这是对比原理；而第三个选项则看起来太过便宜，给人便宜没好货的印象。

永远不要接受对方的第一个报价

如果你接受了对方的第一次定价，那么只能说明你是个糟糕的谈判者。因为这样做在当时和随后——尤其是谈判者进行隔夜思考之后——就会给对方形成一种感觉：他们应该反悔，获得更大的让步，甚至可以废除交易协约。如果你接受了对方做出的第一个报价，那么就会造成一个问题：对方离开会场的时候会觉得他们当初还应该把价格再标高一点儿的。

如果我要把一项区域特许经营业务进行出售，我的要价是 75000 英镑，然后有人过来找到我，直接一上来就答应给我 75000 英镑，不讲价，那么我的感受会是如何呢？

我可能会觉得，我本来能够获得更高的收益的；我可能会怀疑我在定价的时候是不是听从了别人的糟糕建议；我可能还会怀疑对方是不是知道一些我所不知道的事情。

但是如果有一个人找到我，出价 65000 英镑想要买断这一业务，那么我们就会讨价还价，最后达成协议，将售价定在 71250 英镑。这种讨价还价之后确定的价位，与一开始的高价位相比，哪个会让我感觉更好呢？在心理学上来讲，其实人们的内心是更加认同较"低"的那个价格的。

我有一个顾客，她在多塞特郡（Dorset）的桑德班克斯（Sandbanks）购买了一处房产。她当时的出价比对方要求的定价低了 10000 英镑，可是对方竟然立刻就答应了她。结果接下来的两个月里，我这位顾客一直忧心忡忡，老担心这个房子会有什么问题。试想一下，如果卖家刚开始的时候跟她讨价还价一番，那或许她就不会这样子忧心了。

有条件的让步

你为对方提供的任何东西都应该是一种交易。你在向对方做出任何让步的时候都应该是有条件的，要作为交换，换取一些好处，往往我们更愿意换得高价值的好处。

要让一切都变得有条件——你可以使用条件性的语言，例如："如果你能够为我们做出 X 让步，那么我们就能够为您做出 Y 让步。"

你可以使用的语言取决于你的具体环境。一般来说，使用第三方条件语言是更好的："如果您能为我们做这件事，我们就能够为您做那件事。"或者还有另外一种说法，你可以说："我们可能会为您做这件事。"尽管显得稍稍强硬一点，也稍稍不利于合作共赢。

如果你与对方是有私人交往关系的，并且你试图让你们之间的谈判氛围变得更加友善融洽，那么你可以使用这样的语言："如果你能为我做这件事，我就能为你做那件事。"

重要提示！

让步是不能够影响对手的，人们并不总是会对你做出的让步给予善意的回报。

在提到你将会为对方做出哪些让步作为交换条件之前，你一定要先想好要从对方那里获取什么东西。人们往往会更加注意第一个被提到的事物。所以，如果他们首先听到的是你想要做出哪些让步，那么他们可能就会自动屏蔽掉你接下来要提出的要求了。

多以关键词是："如果你……那么我……"

不要免费给予对方任何东西

如果有人来跟你索要某样东西，那么即便这个东西对你而言一文不值，你还是会觉得既然对方开口要了，那么这东西对他还是有点儿价值的。

于是这个东西可能会突然成为你之前没有考虑到的一个可变项目。所以面对这样的要求你应该先把它搁置在一边，然后一直等到对方把全部的要求都提出来，你也把自己想要得到的东西都说明白了，然后再将各项让步互相交换。

在讨价还价的过程中，要思考对方所要的东西对他们来说有什么价值，然后想想你该如何利用这个东西进行交换。

有一个比较好的办法就是把双方想要提出的要求列在一张纸或者一块写字板上。你可以尽量把你向对方索取的东西的价值贬低，并把对方向你索的东西的认知价值抬高。那就是你应该达到的目标。

"没问题"一定要谨慎说出口

这句话所包含的含义可能是，对方刚刚向你提出了对于某事的要求，而你这在没有要求任何回报的情况下就满足了对方的心愿，你没有为自己换得回报。在对方向你提出要求的时候，我们应该快速冷静下来，思考对方想要从我们这里得到什么，而我们作为回报可以从对方那里得到什么。

注意！

如果你发现自己马上就要说出"没问题"这句话了，那就赶紧阻止自己。你想让对方做出的让步，要么能为你自己换来利益，要么就是白白拱手送人。

每当你做出让步的时候，都要让对方觉得自己收获了巨大的好处。你给他们的东西，一定要增加在他们心中的相对价值。

把人和事分开

在很多时候，谈判都会因为个人的因素而多少带有一点儿感情色彩。一旦谈判中混杂进了情绪因素，那么我们为了达成合作共赢的目标而进行的那些理智的逻辑思考可能就会被排除在外了。

人们本应该关注他们想要得到的东西并且与你向他们索取的东西进行对比。但是情绪因素对于达成这样的目标显然是没有帮助的。

这种现象存在一个问题，那就是价值其实是一种认知，而一旦情绪掺杂进来，那么对价值的认知就变得非常难了。所谓价值，只是某人在某一特定时间里愿意为某商品支付的价格而已。

我曾经参与过一些谈判，在这些谈判中，主要的问题是为私营公司的股份进行估价。估价的行为永远都是主观性的，无论你邀请什么样的专业估价员进行估价，每个估价员做出的评估还是会不一样。人们对于业务以及资产的价值的估量往往是仁者见仁智者见智的。

拿给一家企业估值来举例，第一种方式，你可以在营业额的基础上，通过年度利润增长率来给企业估值。而另一种方法则是参考最近一家被转让的类似企业的价格。

正因如此，如果我们谈判双方对于价格的估计有所偏差的话，我们的目标就应该是最大化地实现谈判双方的价格，并且齐心协力朝着这一目标努力，而不是在谈判桌上彼此之间吵得不可开交，这时候更不能让个人的情绪甚至偏见掺杂进来。

在伙伴关系破裂的时候，上述现象时有发生。人们通过多年的苦心经营建立起来一个较为成功的公司，然后其中一方的生活境遇出现了变故，或者其中一方与另一方所追求的目标出现了差异，于是他们就分道扬镳了。

最棘手的问题可能还只出现在婚姻破裂的谈判中。我曾经听到过一个案例，在这场离婚谈判中，主要的婚内财产是一家私营公司的股权。所以双方在股权如何估值的问题上进行了漫长的谈判，最后对簿公堂。最终，当离婚的双方终于能够达成一致的时候，原本价值1400000英镑的资产竟然被法庭估价到了只有520000英镑。如果谈判的双方仅仅是纠结于对方过去曾经做过什么对不起自己的事，或者纠结于谁要得到什么东西，而不是集中精力努力把问题解决掉的话，那么最终几乎不可能达成合作共赢的局面。

虚浮的款项——成交价格中的精确数字

所谓虚浮的款项，指的是当一个合同签订或者某一价格被压缩到特定的数额的时候，这样的数额看起来就像是经过了严谨的计算一样。举个例子："我们的产品额可以定价为 9643 英镑。"这样的一个价格看起来就更像是经过了严密谨慎的计算而得到的，当然也可能是主观判断出来的。然而，无论如何，这种定价就是比对方先前提出来的 9500 英镑的定价看起来更加真实可信，尽管这个价钱其实要比 9500 英镑更多，而你本应该选择这个更低的价格的。

当一个数字写得特别精确的时候，他们往往就会显得更加逼真，而且在心理学上，往往就会被人们认为是经过了严格的考虑和计算才得到的。

所以当你在做降价的时候，这一个策略技巧是非常有帮助的。这看上去的效果就不仅仅是你降价了 10% 而已。如果你给对方提供一个较为凑整的数字，那么对方可能就会觉得你还有降价的余地，但是如果你给对方提供一个精确到小数点后面几位的数字，那么看起来就是你经过了严谨的测算才说出的这个价格。

听到对方报价后表现出退缩

退缩是谈判心理学中的一个术语，指的是当对方提出定价的时候，你要表现出非常震惊的样子。这种震惊可以通过各种形式表现出来，比如你可以温和地说："您是在开玩笑吧？"也可以非常强势地向对方展现出你的震怒，后一种方式是有些人喜欢的。

当对方说出"价钱是 XX"的时候，你可以简单地眯起眼睛，深吸一口气，然后用质询、惊讶的语气问一句："多少钱？"当然提问的同时还可以配合挠头的动作，你需要在视觉效果上、在听觉效果上同时营造出非常惊讶的感觉。

充分利用沉默的力量——多听少说

要学会控制自己的情绪。如果对方提出了一个非理性的要求，那么不要上当，只需要保持沉默几秒钟就可以了。这样一来，对方就会重新思考自己的要求，或者为自己的要求做出解释，这时候如果有必要的话，你可以做笔记。

要学会提问

"我们如何能够达成合作？"如果你不去提问，那么你将一无所得。如果你不会提问，那么你也就不会给对方一个答应你的机会了。

寻求合作共赢之局

谈判应该最终达成一种友善的、明智的以及公平公正的结局，这样双方在离开谈判桌的时候就都会觉得自己得到了好处。在谈判的过程中，要寻求建立双方的长期稳固的合作关系。

谈判中所形成的感受往往比谈判中要达成的生意本身具有更大价值。如果你对对方过于强势，超过了对方所能承受的限度，那么对方就会感到不快。

总结

在一场复杂的谈判进程中，一定要确保谈判双方对已经达成的协议内容都有明确的理解。

在谈判过程中，你应该对已经得到的让步或者对方许诺的让步做笔记记录。每隔一段时间就要停下来对当前的谈判局势做一个小总结。这样的做法能够避免双方之间的误解，还可以防止对方对已经达成一致的事项出尔反尔。

在很多时候，我都会在谈判中用一块写字板或者一张大白纸来做笔记，好让大家都看到我们已经达成一致的事项。我这样做的原因之一就是万一人们没有注意听会议内容，他们还可以看我写的内容进行补充。除非对方对我写下的东西立刻表示反对，不然的话，我就等于是自动获得了对方的默许了。

我往往会在会议室里放上一块写字白板，为的就是预备万一我们一时兴起要用到它的情况。这也是谈判准备工作的一个重要部分。

如果你没有写字白板，也可以准备一个 A3 或者 A4 尺寸的本子，放在会议桌的中间，这样，人们就随时都能够看见这个本子了。

如果上述的事情你都做不到，那么请确保你给自己做的笔记一定是清晰的——这样就可以防止对方出尔反尔、破坏协定，而你刚好又记不清的尴尬局面。

澄清事实是非常重要的。

我曾经代表一名客户出席了一次谈判，当时对方好像并不像我预想的那样有良好品行。在谈判进行到尾声的时候，我们双方都要求书写合同。对方非常坚持，执意要由他们来写，我于是感觉这里面一定有猫腻。在我们的询问环节，我们把我方记录下来的谈判中达成一致的项目全都列举了出来。十天后，对方写好了合同文书并寄过来，我们发现对方实际上把我们双方达成一致的一项条款给删除了。于是我们给对方打电话，双方重新就合同条款进行了协商。

不要率先做出重大让步

在谈判中，不要率先做出重大让步，因为这样做会让你看起来非常急切地想要达成合作，从而削弱你的定位。你应该根据对方所做出让步的大小而做出相应匹配的让步，这样谈判才能够以一个平稳的节奏进行下去。

做出让步，这是心理学上的一个有趣的游戏。请仔细观察对方的行动倾向，并且参考你的公司在先前所经历的案例中是如何应对的。

有些人建议，谈判中做出的让步应该是越来越小的。当然这要取决于你们谈判开始的情况以及谈判的具体环境条件。

避免"折中妥协"

要避免折中妥协，除非折中对你是有好处的。一旦一个人主动提出这种妥协的建议，那么就意味着他之前所提出的要求已经有一半不可能兑现了——而且完全无条件地放弃了一半的利益，没有换到任何好处。当然，如果交易的数额很小，或者当时谈判的形势十分紧迫的时候，折中妥协还是可以接受的。

折中妥协的想法往往会导致谈判的结果不公平不公正，尤其是当谈判进行到后面，时间已经不多的时候。有些人可能会听从这种建议，放弃50%的利益，转而争取另外的50%。

我记得我自己也曾经进行过这种折中妥协。那是在我去波士顿高级进修班里学习哈佛谈判项目课程回来之后的事情。当时有一位客户给我打电话说："咱们折中妥协一下吧。"我回答道："我不能接受50%的折中妥协，但是咱们可以七三开。"她立刻就同意了。

给对方留有利润空间

请一定要确保谈判的对方也能从合作中获得好处，并且对跟你合作这件事有着良好的印象。如果你大包大揽，把一切好处都自己占了，那么这将会损害你们双方之间的长期关系，而且你在后续享受到的产品和服务上也可能是二流的。

同一个问题一定要问两次

在讨价还价的时候，如果对方已经第一次提出要给你降价了，那么这时候一定要乘胜追击，再进一步——尤其是当对方给出的折扣比例是 10% 或者 5% 这种整数的时候。这时候你就可以判断对方还有进一步降价的余地。你可以这样说："很显然您可以做得更好一点儿是不是？我花多少钱就可以买到这个商品呢？"你这样做将会让对方感觉良好，并且让自己得到一个更加划算的价格。千万不要忘了，在说这些话的时候一定要面带微笑。

警惕对方一点点的得寸进尺

就在你认为双方已经达成一致的时候，对方突然又反悔了，让你再做出另外一个让步。比如说你们已经就定价达成了一致，可是对方却还是要求你让步。你们可能已经就交货日期达成一致了，但是对方突然要求你提前送货日期。你们可能已经就支付条款达成了协定，但是对方却要求你提前付款。

小孩子们非常善于使用这个小伎俩，他们往往提出一个要求，然后在得到同意之后，又提出下一个要求。

在你答应对方的要求之前，请确定对方所有的要求都已经明确提出来了。如果对方还是得寸进尺，向你提出进一步的要求，那么你就可以提出一些交换条件。比如你可以说："我会给你这个的……但是我们需要……你要提供给我们。"

减缓冲击

当你有坏消息要告诉对方的时候——比如说你要涨价，或者你支付不起对方所要的价格——这时候一定要把通知消息的时间拉长，要事先降低对方的期望值，然后给对方一个比期望值略高的答复。

使用"如果……怎么样？"语句

这个语句主要用来探寻事实真相。用这种方法你可以探知到对方能够接受的条件。然而，在说这些话的时候一定要注意一点，那就是确定对方明白你不是在真的提要求，而只是打比方，提出一种假设来看看双方合作的可能性而已。你可以说："如果我们这样做……如何？""如果我们提出……会怎么样？"

邀请顾问和指导员（听听别人的意见）

对每一个人来说，如果肯花时间去努力思考如何能够让自己的商品卖出一个好价钱，那将是明智的。

想出解决问题的多种办法，这将会使你和你的公司变得更加高产——你需要寻找那些能够促成合作的解决方案，同时避免与对方冲突。

我的工作就是帮助客户寻求合适的办法，以期在不破坏谈判双方长期合作关系的情况下，将自己的谈判定价最大化。

列出价格表单

人们往往更倾向于相信那些白纸黑字写下来的东西。在对方的眼中，成文的文件更能够传递出一种权威性：你的价格是有理有据的。价格表单就是达成这种效果非常有效的一个办法。甚至有时候对方一看到你列出的价格表单，就根本不会想要跟你讨价还价了。当然，当你看到对方向你列出价格表单的时候，千万不要被对方唬住。这时候你就把价格表单当作是对方用来防止你讨价还价的一种手段罢了。

重要提示！

想要保持长期的合作关系？那么你要知道，相比于你做出什么样的让步，更重要的一点是你做出这些让步的方式是怎样的。你的让步一定要给对方留下良好的感觉。

可变项目

当你在谈判中与对方谈到让步的时候，不要忘了列出一份可变项目表单，同时你也要列出一份对方的可变项目表单，其中列举的是你认为对方可以向你做出哪些让步。

人（情绪）的问题——你在议价与讨价还价中所遇到的

人们在任何情况下都会很容易被情绪所左右。下面列举了一些有关人的情绪的事项，可以帮助你避免谈判中的情绪化倾向。

把任何事情分开，对事不对人

当你在买卖谈判的过程中感到情绪化的时候，你是很难谈成一单绝好的生意的。这时候不要纠结于此！你应该意识到，在这个世界上存在着众多其他的供应商和采购商。基本上没有谁会面临别无选择的境地。

当你由于情绪上的原因非常想要得到某样东西，比如一辆汽车、一套房子或者某个大宗物件的时候，你应该试着降低你的谈判定位。如果你心中没有考虑别的选择，那么你对某物的渴望，将会通过某种信号传达给对方，除非你像在扑克游戏中那样非常善于隐藏自己的真实想法（而讨价还价在一般情况下就很像扑克游戏）。

"穿别人的鞋走一英里路。"

——阿农（Anon）

凡事都有正反两面——无论你将它切分得多么细致

你可以通过对方的观点来分析当前的谈判局势——要弄懂对方想要达到什么目的，他们可能会有什么想法。

问自己一个问题

你要问自己一个问题："如果我是他们，那么对于我来说最重要的十个项目是什么呢？"在一张白纸的顶端写下这个问题，然后在下面以尽可能快的速度写出你的答案，不要犹豫。拿着这张纸给身边参与谈判的同事看一看，让他们根据自己的想法增加一些项目。

问问别人

对同一件事情，从别人的角度来看会是什么样子呢？请记住，世界上有将近70亿人口，每个人的指纹和视网膜形状都是不一样的，因此，对于你正在讨价还价的同一件事情的看法也是仁者见仁，智者见智的。

请记住两个小姑娘争一个橘子的故事

有一个故事，讲的是两个小姑娘为了一个橘子吵得不可开交，最终，她们都问对方为什么想得到这个橘子。其中一个说她想要橘子皮来做果酱，而另外一个小姑娘则说她是想要把橘子榨成果汁。只要你弄清楚了对方真正想要什么，那么很多时候双方其实是都可以得偿所愿的。

预判对方所有的动作

在真正进行谈判／讨价还价之前，一定要考虑到对方可能会采取的每一种行动，一定要确保这一点。要确认自己和团队中的每一个人都商量过一遍。

要意识到谈判的重点是过程而不仅仅是定价

如果双方上来什么都不说，直接就开始谈价钱，那么这种谈判对于每一个参与者来讲都是不太好接受的。所以在正式开始谈判之前要花几分钟的时间闲聊一会儿，这样双方之间就可以建立起亲密的关系和良好的气氛，也就能够确保谈判结束的时候每个人都是心情愉悦的。

定价只是谈判的众多因素之一。事实上人们的购买行为首先考虑的是对方的人，而不是对方的价钱。

重要提示！

优秀的谈判者都会一分为二看问题。他们往往能够看到事物好的一面和坏的一面，能够设身处地地从别人的角度思考问题。

讨价还价——购物的小窍门

如果一个人擅长讨价还价，那么他有 80% 的可能性能买到划算的东西。

——莱西玛·拉姆齐，英国独立电视台（ITV）记者。

在本章的第一部分，我们讨论了议价这一话题，现在我们来讨论一下讨价还价的话题。如果你不打算与对方维持长期的合作关系，那么你可能就会用到讨价还价了。

很多人并不喜欢讨价还价，但是如果你不能学会讨价还价的话，你就会为同一件商品付出更多的钱，这些钱原本是没有必要付的，大多数时候都是这样。

当你走进卖场的时候，如果你不主动要求卖家给你优惠，那么你几乎是不可能得到优惠的。所以一定要保持积极乐观的态势。你将会惊讶地发现，只要你提出了合适的问题，那么得到折扣是非常容易的。当然你还要看看自己能做些什么来回报对方。

很多人都认为这种讨价还价的情境一般都只会出现在商业销售领域。很多时候，在我们所从事的商业领域内，我们是有必要使用诸如讨价还价这些概念的。如果你学不会讨价还价，那么本该由你获得的那些额外的利润就会被别人拿走。

平时在商店里、在市场上买东西的时候进行一下讨价还价，那么这将对你的谈判业务产生巨大的帮助。

简单的步骤：

下面为您介绍了可以在讨价还价的时候使用的简单步骤。

1. 找到对方的决策者，就是管事儿的。

2. 建立亲密关系，套近乎。

3. 向他们提出一个定价。

4. 如果对方提出了一个相反的定价，那么你再提出一个定价，或者把商品的价格指数转变成可变项目。

5. 如果你想的话，就可以成交了。

重要提示！

当你在购买小额商品的时候，就是你学习谈判技巧的时候。要抓住生活中的每一个机会来锻炼讨价还价的技巧。

如果你到汽车后备厢市场去买一些有意思的二手货的时候，你大可以热衷于砍价，这里面的心态以及手段和你人生中将要经历的种种重大谈判几乎是道理相通的。你在市场摊位前面通过谈判省下几英镑，而从中你学到的谈判技能将会让你日后在面对董事会谈判的时候省下几千英镑之多。

关于定价与折扣的讨价还价思想

永远不要付零售价

在讨价还价的时候，有一个非常好用的问题："我买东西的时候从来不会按照建议零售价或者卖家要求的零售价付钱。这样可以吗？"

如果你在说这句话的时候，脸上带着微笑，并且说话的语气颇有幽默感，那么很多人面对你都会直接回答说："可以。"

那么这样一来，你就可以很容易与对方展开对话，共同营造一个合作共赢的结局了。

使用权力问题

当你在购买批发或者零售的代销产品的时候，可以问店铺的助理："你有没有打折扣的权力？"

如果你得到的答案是肯定的，那就意味着你现在就可以争取到折扣，你就只需要问："你能够给出多少折扣？"

如果你得到了否定的回答，那么接下来问："谁有权力打折扣呢？"

使用"信用卡技巧"

当你确信双方已经就价格问题达成一致了的时候，你可以向对方提供两种可选的支付方式：要么用信用卡原价支付，要么用现金支付，但是要再便宜些。因为很多的代销产品在顾客用信用卡支付的时候是会向店铺抽取一定的信用卡销售提成的。所以零售商在很多时候都会更喜欢你用现金支付，即便为此再给你些优惠也行。

核对文书

有些公司使用订货单的时候，你可以发现他们的订货单都设计好了可供折扣的空间。他们甚至会把折扣空间明白地写在表格上！如果在表格上你看到了这样的文字，那么一定要问一问："我们最多能得到多少折扣呢？"

价格匹配

在购买之前，请一定确保你对市场上其他供应商的价格都进行一番调查。很多公司在定价的时候都会与其他供应商保持匹配。这时候你只需要问："你们的定价会不会与竞争者相匹配？"然后选择一家最值得信赖的供应商进行购买。

"您的定价是否与产品匹配？"——请记住，如果你认为你需要配套帮助服务或者售后服务或者备件等额外服务的话，那么最便宜的商家提供的服务可能并不是最好的。

没有折扣，就要赠品

如果你不能够从商家手中要到折扣，那么你就可以转而要求对方提供赠品。在很多时候，相比于压低售价，大多数商家往往更喜欢提供赠品。

询问批发价格

为了找出你能够争取到的最低售价，你可以问某商品的批发价是多少。

通过这种询问，你就能够知道一件商品的最低价格是多少了。那么接下来你就有可能去通过谈判，以批发的价钱买这一件商品了。

讨价还价——销售与成交的诀窍

一直要求对方下订单

如果你作为一名销售者的身份参加谈判，那么不要在谈判结束的时候还不去询问对方的购买意向。你已经付出了很多的努力，所以接下来就是你得到回报的时候了。这时候你只需要说一句话就够了："那么我们能否更进一步呢？"无论你的这种封闭性提问使用的措辞是如何的，请确保你一定要做到这一点！

提供可选项

如果你想要与对方达成交易，那么最传统也最诚恳的一个方法就是向对方提供一个可选择的机会："请问您是喜欢这款红色的还是这款蓝色的呢？"这也就意味着，你只需要给出非常简单的可选项，你们的交易将会做出最终的结论。

类似地，也存在双重约束——提供两个封闭性选择

所谓双重约束，是心理学上的说法，指的是你给对方提供两个可选项。然而你提供的两个选项都是关于次要点的。

"您是想要这款白色的还是红色的呢？"

"您希望货物周二还是周三送到呢？"

我的一名客户在学习了我的课程两三天之后，就对她的丈夫使用了这一策略。当时她的丈夫想要让她乘坐公共汽车去商店，可是她不想坐公交，于是就问她的丈夫："你是想要让我开你的车去呢？还是你开车把我送到镇上去呢？"

用一个次要问题结束谈判

如果一个人同意了某项交易中的次要点，那么事实上已经同意了整个交易的全部内容。举个例子吧："您是想要带阳台的海景房间吗？"如果对方对这一问题给出了肯定的答案，那么这个人是非常不可能拒绝假日酒店预订的。

在谈话的最后一定要明确结论

一定要尽可能询问是否可以达成交易，要探知对方的真正意图，永远不要问会让你显得操之过急的问题。比较理想的交易测试问题如下：

"到现在我们是否能够确认这一点了？"

"这样对您来说可以吗？"

"这样听起来会不会好一些？"

"这样看起来会不会好些？"

一旦你们双方达成了一致，那么就不要再多说什么了，不然对方会因为你的多言而重新考虑他们的可选项目以及你的产品定位。

不要太过高兴地庆祝你们的合作成功。如果你表现的过于高兴了，那么对方可能就会觉得你占了大便宜，他们做出了错误的决定。所以要高兴，但是不要太高兴！

计算出让步的真正代价

每当你做出让步的时候，请一定要好好进行计算，对让步的计算应该以利润线为基础，而不是营业额线。

举个例子，假设某家公司的正常净利润率为10%，那么如果谈判者在一次销售中向对方做出5%的让利，就意味着10%的利润中有一半已经拱手送人了！

使用软货币交易或者以物易物交易

有些时候，用货物或者经验进行交易，可能会比用金钱进行交易来得更为划算。一般来说，这种交易方式适用于短期交易。我为我们当地的一家高尔夫球俱乐部提供关于制作即时通信的市场营销创意，作为回报，他们赠送我一年的会员资格。

应对威胁

面对威胁要毫不妥协地予以回击。

要知道，对方向你发出威胁的时候，其目的是要削弱你的定位并动摇你的决心。这时候要坚守沉默。当对方做出威胁的时候，他们往往会期待你做出相应的回应，而如果这时候你偏偏没有按照他们预想的行动，那就意味着他们的威胁已经被削弱了。

很多人可能会觉得如果在面对威胁的时候直接保持沉默可能有点儿尴尬，他们不喜欢沉默。那么你也可以在你的笔记本上做一些笔记，然后抬起头来看向对方，说道："真是有趣。您为什么要这样说呢？"如果有必要的话，可以提议休会，先休息一下，因为这样的暂停时间同样能够起到让事情冷却、给自己留出思考时间的作用。

这样做也可以为你争取到有效的时间，与你的团队冷静地讨论接下来如何应对这一问题。

生意谈成了，马上就走

一旦双方达成了一致，那么就不要再花费过多的时间与对方建立关系了。你只要签署文件，感谢对方的合作，握手然后转身走人就行了！

协议与合同

对等合同

所谓对等合同，指的是一份详细规定你所受的待遇不会少于其他任何一名客户的合同。这种对等合同在一些体育行业的合同当中是非常流行的，因为体育行业往往会出现超级巨星，他们往往能够对雇主发号施令。如果球队签下了另外一名球员，那么这名巨星的收入将会与这位新球员的收入相匹配，如果前者比后者更多的话。

如果有人邀请我去演讲，但是费用比我平时的费用要低，而对方又有充分合理的理由，那么我可能会同意："我会做这场演讲的，只要你们向我保证你们之前给别的演说家支付的价钱也不多于这个数字就行。"

服务合同

在提供服务之前，一定要就费用以及契约达成一致。

请一定要在给对方提供服务之前就把价钱讲好并确定双方彼此做出的让步。因为随着时间的流逝，一旦你为对方提供了服务，那么你的价值就将会消失。与此相类似的一个案例就是水管工花 5 分钟的时间修好了你家的漏水管，然后试图向你收取非常低的价钱。其实他应该早在修理之前，在你家的天花板漏水的时候就与你商定价钱的。

不要忘记

你一定要有自己的一个撤出定位。有时候，不要犹豫，直接走人——走出会议室看看接下来会发生什么。你总还是有回心转意，回去继续谈判的机会的。

如果你没有自己的撤出定位，那么你可能会通过自己的肢体语言把这一点泄露给对方。

在训练有素的谈判场合中，你也会注意到这一点。举个例子，在买车的时候，一般情况下销售人员不会太拿你当回事的，除非你走到门边，打算走人。

有助于谈判和讨价还价的一些话语

· "这已经超过我的预算了！您能不能做点什么帮我一下？"

· "如果我支付了这个价钱，我的伙伴／妻子会受不了的。"

· "我的老板希望我能够得到优惠。您能帮助我吗？"

· "如果我真的按照您所要求的付款，那么我们公司的总裁德雷克不会让我的日子好过，他会雷霆震怒的。"

· "我必须要跟我的董事会解释一下这个要求。但是如果我同意了您的要求，他们会杀了我的。"（当然，说话的同时还是要面带微笑的。）

· "我现在正在与同事比赛，看谁能够得到最好的订单。"

· "价格方面还有没有可变的余地了？"（封闭型提问。）

· "我需要价格方面的调整。"

· "您能否帮我在价格方面争取一下？"

· "您能否再有优惠的余地了？"

· "请给我常规的优惠。"

· "这样的价位对我来说不合适。您能帮我做点什么吗？"

要点回顾：

在交易让步中，最具有魔力的一句话就是："如果您为我们做……，我们就为您做……"

如果你一开始要价比较高，那么你后续的谈判中就永远都有降价的余地，但是如果你一开始要价低了，想要涨价就是难上加难。

谈判中要向对方展示你的可变项目以及可提供的价值。

请记住一定要勇敢。讨价还价并不是以建立关系为目的的谈判。一定要提问再提问。在提问的时候一定要面带微笑。

在面对采购的问题时，一定要避免情绪化倾向。如果价钱合适那就买。如果不想要那就不买，一切决定的依据都是价钱而已。

第十六章 使用 TKI 问卷处理冲突的 5 种模式

在本章中你将会学到：

· 在谈判过程中，往往会不可避免地出现冲突的因素。
· 根据研究者的成果，人们之间的冲突模式一共有不同的 5 种。
· 如何调整自己的冲突模式。
· 如何理解自己的与他人的冲突模式。

冲突无处不在

重要提示！

在谈判的语境中，总是会出现某种程度的冲突。

在任何的谈判过程中，你都会面临各种各样程度的冲突。这时候你要掌握解决冲突的最优化、最有效的方式，同时要考虑到你的性格特征和冲突模式。

在很多人的眼中，所谓的冲突，就是类似于大街上的骂架，或者是一种分歧，在这过程中人们往往会咆哮怒吼，人们甚至会觉得一旦出现冲突，那么双方应该很快就会拳脚相向。

在我们如今的生活环境当中，冲突的含义远比上文提到的要广泛得多，我们每天都会遇到很多不同的冲突，它们经常要求我们使用谈判协商的办法加以解决。

冲突处理是我们在生活中必须要了解的另一个问题，只有了解冲突，我们才能够通过合作共赢来化解冲突，才能够让生活更加开心、可持续。

关于冲突的定义：

"只要你的关注点和目标与对方出现了分歧，那么就可以认定冲突的存在。"

我们人类的天性是不喜欢冲突的。所以大多数人在提到冲突的时候第一反应就是要回避它，毕竟冲突的后果有时候是很严重的！

然而我们需要记住一件事，自从 1945 年二战结束之后到现在，几十年的时间里只有 26 天的时间是全球范围内没有战争的。在这样的情况下，我们就必须接受冲突无时无刻不在这一事实，并且以一种专业化的、理性的方式处理冲突。

商业冲突

在商业领域每天都会有很多次冲突发生。人们都在谈判，都在追逐自己的目标、自己的动机，努力达到最高的收入和最少的成本。

我曾经做过调查，我向人们询问他们对于某项冲突的规模是如何看待的，可以使用从 0 到 100 的评分等级。然后我向他们解释说，1 代表的是最微不足道的冲突等级，比如说今天晚饭吃什么这样的事。而 100 代表的是世界大战级别的冲突。然后我会问这些人，你们认为如果想要给一个冲突确定等级，你需要做哪些事呢？人们对此的答案往往倾向于去关注冲突所涉及的事情有多重要，以及后果有多么严重。

人们的打分往往偏向于主观情绪化，尤其是当人们的情绪非常强烈的时候。

重要提示！

有时候作为一名谈判者，为了以最高的价格卖出商品或者以最低的价格采购商品，我们往往需要故意制造一些小的冲突。

当我们设定目标想要争取更好的谈判结果的时候，我们就已经与对方处在某种程度上的冲突之中了。即便有时候我们的目标是达成双赢的谈判结果。

冲突是不是健康的

有些人认为冲突仅仅是竞争活动的一种健康形式，然而有些人则认为冲突意味着故意给对手制造压力和紧张情绪，故意挑衅对手使之做出反应。

个性与行为

理智型的人

理智型的人，会以逻辑思维去看待一切数据、一切信息，观察他人性格，并且以逻辑方式思考在做出谈判决定之前应该如何行动。这样的人在做出行动之前往往会进行较为明智的讨论。如果在进行谈判之前没有了解到所有的信息，那么他们会感到不舒服。他们可能不会喜欢谈判中的冲突，但是他们必须学会如何处理冲突，只有这样才能让双方达成一个理智的谈判结局。

敏感型的人

敏感型的人往往希望确认每一个人都与自己能够达成一致，并想要帮助别人解决问题。如果存在分歧，那么他们往往倾向于以个人的情绪化方式去解决问题。这类人在谈判中如果不得不依靠自己的头脑去解决冲突的话，那么他们比任何人都应该注意一点，那就是一定要做到对事不对人，谈判和人要分开来。

重要提示！

对事不对人。

野心型的人

野心型的人往往希望一切都要按照自己的意志来进行。他们对于达成自己的目标有着非常强的动力。"这事怎么还没有做好？"是他们经常挂在嘴边的一句话。一般来说他们的身边都会围绕着一些不会与他争辩的人，这些人都习惯了他的行事作风。

野心型的人不喜欢理智型的人，因为在他们眼中，理智型的人往往就是在拖慢工作进度，阻止自己达成目的和目标。他们也几乎没有什么时间去顾及敏感型的人的感受。他们往往倾向于用发动冲突的办法来达成自己的目标。

冲突在刺激创造性的情况下是有好处的

我有一位朋友，在参加职业演讲家协会举行的策略研讨会的时候，往往会在头脑风暴的过程中制造一些冲突，为的就是刺激讨论进行。我很了解这个人，也很了解他这样的行为。

但是有时候人们并不了解这位朋友的做法，因此对他采取防御姿态，因为他在发动冲突的时候往往看起来咄咄逼人。我们在发动这种冲突的时候要注意，一定要做得足够敏感细致，照顾到不同性格的人以及不同冲突模式的人，只有这样我们才能变得更加高效。如果我们做不到这一点，那么往往在讨论过后就会留下不愉快的感觉。

重要提示！

如果不面临一些挑战，那么我们就不能激发出新的思路，也就不能在我们今天这个节奏快到难以置信的世界里顺应发展变化。

弹性是重要的

在谈判中你可以通过更好地理解谈判进程以求变得更加有弹性。

重要提示！

有弹性的人才能更好地处理冲突。

在我努力成为一名优秀谈判者的过程中，我曾经不得不学会变得更有弹性。

有弹性的人能够把分歧看作是解决问题的讨论过程的一部分，而不是用自己的个性去看待分歧，除非对方说出一些个性鲜明的话，需要特殊处理。他们往往保持思维开放，并且学会了使用他们的人际交往技能去处理分歧。

作为一名谈判者，你应该习惯冲突并且将其化为己用，即便你可能并不喜欢冲突。

重要提示！

当你发现冲突出现了，这时候先停下来，深呼吸，短暂的停顿之后，接受冲突，把它看作是谈判进程的一部分。

了解自己的冲突模式是非常有用的！

正如我们前面所提到的那样，冲突是生活中不可避免的。

无论是在谈生意的过程中，还是在职场或生活中，你都会遇到各种各样的谈判冲突。对外你和你的客户以及顾客之间会产生分歧，对内你可能会与你的同伴以及朋友存在意见差异。

此外，你在不同的情况下与不同的人互动，互动的方式也会有所不同。请记住，人们在不同的环境下所做出的行为，或多或少是会有些不一样的。

冲突如果不能够被很好地解决，那么就会产生有害的后果。所以你的谈判风格（冲突模式）就成了谈判的重要变量之一。

认识到自己冲突模式是非常有用的，它可以让你正确认识你自己，并且在你意识到可能情况有利的时候调整自己的冲突模式。

利用 TKI 问卷训练处理冲突的能力

肯尼思·W·托马斯（Kenneth W·Thomas）和拉尔夫·H·基尔曼（Ralph H· Kilmann）是两位心理学专家，多年来他们一直在研究有关冲突的话题。

他们发明了一份问卷，叫作《TKI 冲突模式问卷》（*Thomas-Kilmann Conflict Mode Instrument*）。该问卷是目前为止世界上最可靠的心理学测试问卷之一。

TKI问卷被应用与谈判训练领域、危机接入领域、婚姻与家庭辅导建议领域，以及在训练与辅导领域，用来提高人们处理冲突的专业性。

这份问卷可以从 Opp、Oxford、England OX2 8Ep 等网站上下载，也可以直接访问 www.opp.com 下载.

永远不要忘记，在面对冲突的时候，你是有选择的。5 种冲突处理模式当中的每一种都是你可以选用的。明白这一点，在处理冲突的时候就可以增加控制感，通过使用不同的处理模式，你可以从不同的方向去化解一场冲突。

多年以来，我一直在我的谈判高级研究班上给学生们使用这张问卷。这张问卷的受众非常广泛，包括健康护理工人、个人助手、财务经理、销售经理以及大型公司和慈善机构的总裁们。人们可以通过这张表格观察、分析、反思他们自己的性格特征，往往会得到非常有用的效果。

当然，思考别人的冲突模式并理解别人的行为模式，也是非常有用的。

重要提示！

在谈判中，如果你能够观察到对方的行为模式，那么这将会非常有帮助，因为你可以根据对方的行为模式调整自己的行为模式，使之与对方的相匹配，这样谈判就会变得更加愉快和高效。

TKI 问卷列举了 5 种不同的冲突模式（就是在面对冲突的时候所采取的行为方式），而其中有一两种冲突模式应该是有些人与生俱来的、设定好的冲突模式。换句话说，这些冲突模式是你在面对压力的时候自然而然流露出来的，如果你当时没有时间去考虑更换自己的冲突模式，那么你呈现出来的就是你的本来面目。

正如所有该类型的问卷一样，TKI 问卷的提问也比较的宽泛，然而当我在对 1000 多人使用这张问卷的时候却又发现它的设问出奇地精确和有效。

下面列举了 5 种冲突模式。对这 5 种模式，人们经常会问我的一个问题就是：我如何才能在初次见面的时候就判断出一个人的冲突模式呢？

首先，非常有用的一点就是观察对手的初始行为。观察对方打招呼的方式、他们与你建立亲密关系与否、建立亲密关系的方式、他们常说或者常做的一两件事情。你需要提高自己的警惕性，并在最开始的几分钟时间里注意到上述事项。

其次，握手。有趣的是，人们的性格与冲突模式往往与他们的握手方式之间存在相关性。如果对方在握手的时候具有侵略性，把他的手放在你的手上面并且用力捏你的手，这就意味着他们在谈判中会扮演竞争性的角色。如果对方用正直的姿态跟你握手，握的力道与你大小相当，那么说明这个人会扮演合作者的角色。如果对方的握手更加柔软温和，那么就说明对方可能会扮演居中调停者的角色。而那些对谈判没有诚意的逃避者往往不愿意与你握手，往往也不会进行太多的眼神交流。

5 种冲突模式

1. 竞争型

竞争者们往往都是非常专断独行并且不懂合作的。这些人只会关注自己的问题、自己的目标、自己所关心的事情，而达成这一切的前提往往是他人蒙受损失。有很多工商管理学硕士生都是属于这一类的。他们花了大量的学费，为的就是实现自己的野心，因此他们更可能是竞争性较强的。面对这一部分学生，我往往会叫他们确保自己一定在谈判的时候学会调整自己的冲突模式来匹配对方的冲突模式，或许应该朝着更加合作共赢的冲突模式去努力。

这种冲突模式是一种擅长玩权力游戏的模式，是一种以话语权为中心的模式。这样的竞争者往往有能力为自己争取到想要的定位，争取到生活中的地位，争取到自己的职级。所以竞争性的性格意味着你将会挺身而出维护自己的权力，只要相信自己的定位是正确的，就会去保卫它，或者仅仅是追求个人的胜利。

竞争性的人们往往更有可能抓住每一次机会。对于他们来说，强大往往意味着他比你要获得更多的东西。胜利在他们看来要比人际关系重要得多，他们往往会不重视甚至直接忽略掉别人的感受以及担忧。

他们在谈判中常用的策略包括威胁、最后通牒、起身走人或者威胁撤出等全部手段。他们的核心词只有一个：胜利！

霸凌行为就是竞争性的。

有时候当一个人的竞争性过于强烈，那么他就成了霸凌者。然而霸凌者是不会参加心理研究的，因为他们从来不需要这样做，他们已经习惯了用其他办法来达成自己的目的。所以，在对付这种人的时候，一定要做到事先认真谨慎准备并且对对方的行为动作有所预判。

2. 合作型（问题解决型）

合作者们一方面坚定而自信，另一方面乐于合作，这正是逃避型的反面。

这种类型的人有时候被叫作问题解决型。

合作要求人们齐心协力，与另外一个人联手以期解决一个问题，最后得出的解决方案应该符合双方的利益。要做到这一点，就需要双方拿出一些时间一起商讨解决方案并试图"把蛋糕做大"。在这一方面，谈判往往适合那种复杂、老练的谈判类型。比如说 20 世纪 90 年代北爱尔兰问题的谈判以及如今中东问题的谈判。

如果你想要与对方维持长期的合作关系，那么这种类型无疑是最适合你的。但是如果你时间很紧不能坐下来好好谈谈，或者对方铁定了心要跟你采取强硬策略，那么这种类型的人就很难有用武之地了。

所谓合作意味着双方一定要通过各种探讨，确认他们最深层次的需求与关注点，这样才能够找到符合双方利益的皆大欢喜的解决方案。

如果合作的谈判是在两个人之间进行的，那么讨论的方式可以是探讨双方的分歧点所在，这样可以了解到彼此的内心想法。

3. 妥协型

这种类型的人，他们的理想目标就是让谈判变得更有效率，得出双方都能够接受的解决方案，这个方案应该能够符合双方各自的一部分利益。这种人往往介于竞争型与调停型之间。这种冲突模式经常被那些具有公平公正理念并一心想要达成共赢的人所使用。不过这种类型的人需要提防一点那就是他们很有可能会被那些一心求胜的竞争者所摆布。

妥协型的人，他们做出的让步往往要比竞争型的人更多，但又比调停型的人更少。同理，在面对一个问题的时候，这种类型人的观察往往要比逃避型的人更加直截了当，但是在探讨的深度上又比不上那些合作型的人。妥协型可能往往意味着折中与中庸，双方在谈判中相互做出让步，并快速寻找中间地带以完成谈判。

一般情况下，妥协型的人更希望双方能够保持一种长期的友好关系，而不是在表面上看起来压人一头、一心求胜。

4. 逃避型

逃避型的人既不会坚定自信，也不会与别人合作。他们往往在谈判一开始的时候既不会立刻追求自己的目标，也不会追求对方的目标。

他们不会去处理冲突。在很多时候这些人更喜欢最终盖棺定论式的回答。逃避型的人往往会出现在那些组织架构非常僵化、固定的企业当中。

一般来讲，逃避型的人不喜欢人与人之间的冲突，也不喜欢胜者为王败者为寇的权力游戏，他们还会逃避那些需要进行公开讨论的场合。在对于个人关系与商业关系的定义中，他们往往坚持和平与宁静的原则。

对于回避型的人来说，他们往往需要对一个冲突采取更巧妙的回避方式，并且推迟问题的解决直到一个更加合适的时机，再或者，当面临对方的威胁的时候，直接退出谈判。

5. 调停型

调停型的人往往并不武断，而且喜欢合作——这与竞争型的人正好相反。

人们往往希望调停型的人能够满足对方的要求。

在调停型的人的冲突处理中，最需要注意的一点就是不要做出太多的让步。事实上，你一定要确认不能给对手留出太多的闪转腾挪的空间来。这种类型的人往往会在对方提出要求后的第一时间里就答应对方，只要对方表现出退缩或者表现出任何的不满，他们就缴械投降了。

调停型的人可能会采取无私的慷慨的或者慈善的相处模式，即便在心不甘情不愿的情况下，还是会顺从别人的命令，或者他们还会屈服于他人的观点。

调停型的人不喜欢因为挺身而出维护自己的鲜明立场而带来的冲突，只要对方的报价在撤出定位以上，那么任何报价他们都会接受。如果你所带领的团队中恰好有这种调停型的人，那么最好的处理方法就是让他发挥自己的所长，去做自己真正该做的事情，至于谈判嘛，还是你来替他做比较好。

可以肯定的一点是，在谈判桌上，千万不要给这种人赋予太多的自由裁定权，不要让他去决定可以给对方做出什么样的让步。如果你真的赋予他过多权力，那么你知道会发生什么后果。他们会最大程度上地把你的利益让给别人，反过来却什么都没有得到。

我曾经见过一些这种类型的人，他们在公司里的权力往往过大，而他们在谈判中又往往倾向于取悦客户。我认识的这种人当中，有很多人最后都触犯了公司规定，并因此而被开除。

注意！

研究表明，大多数人都觉得自己的冲突处理模式与对方的冲突模式是一样的。

想要研究一个人的冲突模式，那么使用一张坐标图表是非常有用的办法，图表的纵轴可以叫作专断性水平，而横轴则叫作合作性水平。

那些独断专行的处事风格的人，往往会在图表中处于横轴的最左端，并且离纵轴的底部最远。你选定的区域越偏向右边，那么这个人的合作意愿就越强。这也就意味着，竞争型的人处于整张表格的左上方，合作型的人处于表格右方，逃避型的人会处在图表的左下方，而调停型的人则会处于图表的右下方。随后，妥协型的人是居于图表中心位置的。

想要知道自己的冲突处理模式，最好的办法就是使用 TKL 测试表进行测试。有一种方法可供指导使用，那就是分别联想与这 5 种模式相关联的词语，然后从中找出最能够让你感到舒服的词语。那么这些词语拼凑起来组成的冲突模式往往就可能是你天然的冲突处理模式了。

你可以在网上填写 TKL 冲突模式问卷，也可以通过牛津心理学出版社的网站获得关于这方面的工作手册。（www.opp.com/tools/）

这份测试问卷能够帮助你把谈判中的冲突以及它对人际关系的损害降到最低程度。这张表格只需要 10 分钟的时间就可以完成，而且我发现测得的结果出乎意料准确。我已经对数以千计的学生、选派生以及我所指导过其他人使用该表格了。

重要提示!

作为一名谈判者,我们应该学会如何处理冲突,学会如何最大程度上地利用冲突,并且学会如何在面对冲突情形的时候安排我们自己的行为。

如果你只想得到关于自己这种类型的行为指导,那么你可以看看下面列举的这些单词,看看下面那些单词更符合你处理问题的方式。这也是一个达到目标的最快方法。

如果你在下面某一类词汇当中选定了最多的选项,那就说明这很有可能是你选择用来处理冲突的方式。

这五种冲突处理方式其实都有各自所适应的情况。

竞争型

· 凡事听我的。

· 胜利真的很重要。

· 我知道我是对的。

· 我坚定不移地追求自己的目标。

· 我非常善于向别人介绍我的产品定位的优点。

合作型

· 两个人的思维肯定比一个人要明智。

· 让我们来讨论一下所有的问题。

· 我想要使用一个解决问题的办法。

· 弄清楚对方的观点和想法是很重要的。

· 让我们把所有的问题都拿出来讨论吧。

妥协型

· 就这么说定了。

· 我们能不能折中妥协一下?

· 咱们来寻找一下中间地带吧。

· 如果你在某些方面做出让步,那么我将会在另一些地方做出让步。

· 关于这种逃避行为,我们应该持有更加现实的看法。

逃避型

· 我明天会考虑一下的。

· 我讨厌对抗。

· 这没什么大不了的。

· 对这种事我不想大惊小怪。

· 在这一点上过于随和是没有意义的。

调停型

· 我很乐意帮忙。

· 这似乎对你来说很重要。

· 我经常帮助别人达成他们的目标。

· 我不喜欢伤害他人的感情。

· 相比于谈判中的胜利，我更看重长期合作关系的维持。

这5种冲突处理模式中的任何一种都有它所适用的情况。关键的问题在于你要知道什么时候用什么策略。

重要提示！

在你知道不同的人有不同的冲突处理模式，并且意识到了对方的冲突模式的情况下，你就可以调整自己的冲突处理模式，以推进谈判发展。

如何调节自己的冲突模式

如果你是调停型的人

一般来说，你喜欢向别人施以优惠。你对别人的要求几乎是有求必应。你需要做的就是调整自己的冲突模式，在对方提出要求的时候挺身而出维护自己的利益，向对方要求额外的付费以及其他条件——或者坚守阵地就好了。毕竟调停型的人还是更喜欢调停的。

如果你是逃避型的人

你需要调节自己的冲突模式，不要一味地避免冲突对抗。你这种类型的人往往在自信心方面是不足的，所以你要做的第一件事情就是增加自己的自信心——以一种符合你个人个性特征的方式。

如果你是竞争型的人

你需要学会收敛自己的专横之气，不要一味武断。如果与你谈判的对手是一个调停型的人，那么你最好也退让一步，减少自己的专横表现。这样的行为将会非常有助于在你们之间建立起更加良好的合作关系。

如果你是一个合作型的人

你在坚持己见以及重视合作关系这两方面都表现得很鲜明。合作型的人在面对逃避型的人以及调停型的人的时候需要倍加小心，你需要软化自己的处事风格。然而，在面对竞争型对手的时候，合作型的你需要特别小心的一点就是不要让对方因为你看中合作关系就因此而利用你的弱点。

你最需要做的事，就是调整自己的处事风格，使之更加贴近你的目标风格。这需要有意识的练习才能做到。

如果你是一个妥协型的人

请记住一点，不要一味地追求中庸、折中，因为这样做是不可能达到你的最优定位的。你往往会对中间地带更感兴趣，所以有时候你应该学会变得更加强硬一些，并且不要让自己滑到调停型的泥潭当中。

下面列举的，就是我训练谈判者时候的一些案例。

1. 西蒙是一名损失理算人。他永远都是以胜利为第一目标的，他是一个竞争型的人。他这样的人最需要注意的就是不要因为追求胜利而破坏了长期的人际关系以及自己的声誉。他对自己团队当中所发生的事情可能并不完全了解，因为他的同事们都不敢把坏消息告诉他。他的问题就在于他应该早点儿意识到自己的问题。

2. 伊丽莎白是一位自主经营者。伊丽莎白是一个典型的调停型的人。她需要小心了，因为她总是喜欢答应别人的要求。她这样的性格是不会实现自己的最优定位的，她的服务也卖不上好价钱。人们可能会利用她对别人有求必应的天性以及她总是希望取悦别人的心理。

3. 乔治是一个合作型的人。这种性格的危险之处在于他往往在努力达成合作的过程中花费太多的时间，这样就会显得效率低下。那些竞争型的人可能会利用他的合作型的天性。

4. 朱莉是一个妥协型的人。她的问题就在于太过热衷于折中妥协了。谈判对手可能并不想这么做，于是就会利用她这一点。

5. 莫琳是一名逃避型的人。莫琳总是想要避免冲突，所以有时候她宁愿不去谈判。如果莫琳有一些项目要拿出来让人们竞标的话，她会直接选择那个最优的竞标者，根本不会和本来期待谈判的对方多说一句话。

慈善团体

我曾经为牛津的一家慈善机构工作，我当时很快就发现，他们所雇用的都是一群非常勤奋的员工，这些人在募集捐款方面表现得非常出色，也很好地帮助了第三世界的人们解决他们的各种问题。

然而，我很快发现了问题所在。这里的员工们大多数都太过于"老好人"了。他们避免冲突，并且往往倾向于第一时间相信那些给出最优定价的人。事实上，事情并不是这样子的。有些供应商会利用他们善良的天性。

我于是对该机构的员工做出指导，要求他们表现得更加强硬一点儿，在处理这些问题的时候要拿出坚持己见的态度来，并且努力让自己明白想要达到慈善机构的目标也是需要一定的专断力的。一般来说，我发现上述的"好人"特征是从事于第三部门（慈善机构以及非营利性机构）的人所共同拥有的一项特质。

注意！

据估计，在我们进行商业活动的时候，有20%的时间都是用来处理冲突的。

仲裁

如果想要避免冲突发展得太过激烈，那么有一个好办法就是进行仲裁。仲裁者在做出决定之前先要听取双方的意见。然后他们试图找到双方的共同利益区间，这样的办法就避免了聘请律师的昂贵费用以及其他代价。

激怒因素

所谓激怒因素，指的是那些能够激怒对方并导致进一步冲突的话语。

我在哈佛商学院的时候，曾经有人告诉我说，水平一般的谈判者往往在一个小时之内能说出10.8个激怒对方的词，然而专业的谈判者一个小时往往只会说出2.3个这样的词。

你的语言中一定不能包含激怒成分。

下面列举了一些典型的激怒话语：

"这里总是一成不变。"

"……跟像你这种人。"

"你不懂的。"

"你做事要讲讲技巧。"

"你们公司简直没救了。"

"你这人简直没救了。"

"好糟糕的服务。"

"我的时间很宝贵的。"

"时过境迁，事情变得更糟了。"

"你为什么就不能把事情做好呢？"

"多找点儿聪明人吧，不要老是雇用一些蠢驴来做事。"

"好好读读。"

"像你这种人就是不懂得倾听别人。"

"你总是在抄别人的。"

"现在已经没有什么信任可言了。"

"这定价简直荒谬。"

"再也没有额外服务了。"

"太过分了！"

"难以置信！"

"真丢脸！"

"无礼！"

"简直不能相信。"

"你在逗我吗？"

"你们都是脑子有病。"

"愚蠢透顶。"

"我对这件事非常生气。"

敌意管理研究课程

曾经有一家大型零售商邀请我为他们公司进行一次敌意管理培训。我当时很好奇他们到底想要得到什么服务，因为那个时候一般来讲还没有关于这个话题的课程。我找到他们的团队领导人进行会谈，他告诉我他们的团队在总部遇到了麻烦，并且受到了敌视。

在我准备课程材料的时候，突然间我灵机一动，向团队领导人要来了他们的常规电子邮件往来记录。电子邮件记录显示，他们派去申请经费的人"用一种咄咄逼人的、非常具有威胁性的口气吼出了他们的要求"。当时我就判断出了事情的经过：他们想要说服的那些人，面对他们的糟糕态度，不能忍受他们的敌意并且可能予以反击。事情就是这样，毫无疑问。

性别差异

人们对哈佛商学院的工商管理学硕士男学员和女学员进行了研究，结果发现，男性学员更有可能表现出竞争型的一面，而女性学员则更倾向于合作型。

此外，研究还表明，相对于男性，女性一般情况下更倾向于按照道德的约束来行动，女性学员在谈判中使用的肮脏手段也更少，由女性所挑起的争端也更少。

如果你没有时间填写性格测试问卷，那么我建议你花几分钟的时间好好回想一下自己的处事风格。再思考一下你认识的人的处事风格。你可以试着改变自己的处事风格使之更加接近他们的风格，然后看看会有什么效果。

`注意！`

凡事都有两面性，不论你将它们分得多精细。分歧也是有利有弊的。

要点回顾：

- 请记住，冲突处理模式一共有 5 种，从竞争型到调停型排列。
- 要学会调节自己的主要冲突模式。

·所有的冲突处理模式没有优劣之分，都有适合的时机。

·如果你的冲突模式属于那种不那么擅长坚持己见的，那么你应该稍微提升一下自己的专断力，这样才能成为一名更加优秀的谈判者。

·如果你的冲突模式是竞争型的，那么你应该学会理解他人并且在合适的时候适当做出让步。

·那些对谈判结果没有任何帮助的激怒性词语，千万不要用。

第十七章　重新测试你的谈判技能

你的技能	你的评分	乘以倍数	你的得分
1. 计划与准备	1 2 3 4 5	X4	
2. 营造出色的第一印象	1 2 3 4 5	X1	
3. 提出正确的问题	1 2 3 4 5	X1	
4. 善于倾听	1 2 3 4 5	X2	
5. 动脑思考	1 2 3 4 5	X1	
6. 解读肢体语言	1 2 3 4 5	X2	
7. 警惕谎言	1 2 3 4 5	X1	
8. 使用正确的策略技巧	1 2 3 4 5	X3	
9. 影响另一方	1 2 3 4 5	X1	
10. 知道如何议价	1 2 3 4 5	X2	
11. 知道如何处理冲突	1 2 3 4 5	X1	
12. 谈判时有自信	1 2 3 4 5	X1	
			总分：

现在重新给自己打一次分，看看你的得分进步了多少。接下来你需要努力的是哪些方面呢？

3个月之后，再次测试自己的评分。

在经过了新一轮的打分之后，你应该已经在一些关键领域取得了进步。你可能注意到了，自信心排在第12位。这是因为从第1位到第11位的项目中，你做得越好，你的实战经验训练得越纯熟，那么你在谈判中就会表现得越自信。自信，是来源于你的信息、学识、智慧和实践的。

第三部分

热点问题

热点问题1：如何要求老板给你加薪

向老板证明你的价值

在要求加薪之前的一年时间里，要把工作做到尽善尽美。你需要做得比公司要求的还要好。要挺身而出，自愿做一些别人往往不好意思做但同时又很容易做，并且能够做好的小事——比如组织公司的圣诞联欢会，或者组织团建活动。

请确保自己的表现符合一位应该被加薪的员工的形象。请一定做到准时、机灵、穿着得体，每天下班的时候不要第一个离开办公室。

如果你是在家里工作的，那么要确保你给相关的人员发送电子邮件交流，让他们知道你在家里是努力工作的。在很多公司，人们都存有这样一种心理：如果你在家的时候都在工作，那么很可能你是一个精益求精的人。

保留证据

在你要求加薪之前的一年里，或者在你的考察期内，要把你做的每一件事情都留下证据来。尤其是那些细微的小事，当然也包括一些你帮助别人取得成功的大事。

有些人是比较"忘恩负义"的，即便别人真的帮助他们谈成了一旦大生意或者抓住了一个大客户，他们也不会因此而说别人的好话。你平时帮别人做的很多事情——例如为别人提供训练、给人上课、在会议上发言、用你在一门课程中学到的技能帮别人修改一个小小的发言稿——这些事情在你真正面临加薪评估或者奖金评定的时候，往往并不会被他人注意到，甚至会被遗忘。

写一篇总结报告：在年度薪资考查／评定之前大约3周的时候，写一篇年度总结报告，总结自己过去一年中所取得的成就。向对方发送邮件的时候，标题不要起得目的性太强，比如可以叫作"述职报告"。不要等到加薪评定的前一天才想到要发送邮件，那样会让人看起来感觉是你临时抱佛脚，要以此为借口要求加薪一样。另一方面，你还要把邮件内容拷贝随身携带，这样如果在薪资评定的时候如果没有人提到你的功劳，你还可以拿出来为自己说话。

这是一种软化策略，同时也能够清晰地展示出你的成就。

你的薪资谈判档案在此时就显得非常有用了。下面的表格当中展示了一个例子。你可以在你的薪资谈判档案中加入下面这个表格，但是在添加之前要改一改名字，或者将它剪切粘贴到年度总结表上面。

日期	工作	结果	收益
7月2日	组织夏日聚会	反馈良好	员工士气提升
7月22日	向斯坦斯伯里公司做展示	竞标胜利	10000英镑

在进行中期评估的时候，一定要坚持向你的上司讲明你正在做的工作。有些人可能会注意考察你的工作情况。检验自己的工作进度，把他们希望你做的每一件事做好。

看看你的同行

对比一些劳动市场上拥有和你类似技能的人，看看那些与你角色相类似的人的工资待遇都是怎样的。请记住，不同的公司，他们的薪资制度也有所不同，所以私营企业、公共事业单位、非盈利部门的薪资水平之间，肯定要存在着巨大的差异。

劳动合同条款和条件——其中包括额外奖金，以及工作可能会带来的压力强度、对生活质量的影响、乘公交上下班的成本、养老保险、休假制度、卫生保健费用报销、医疗费用报销、允许请假天数、儿童保育福利、育儿假等等，所有的这些可变项目。我把这些项目都列在了下一小结中。

在薪资评定会上

请一定要尽最大可能，给自己争取最高的评级、年终报告或者年终总评。至少这可以让你了解到你接下来有可能得到什么样的薪资或者不可能得到什么样的薪资，也能够了解你对于公司而言的价值。

要有一点，不要忘记公司福利的重要性，例如下面这些福利项目：

- 职称
- 工作认可
- 灵活性
- 赞美
- 公司用车
- 休假
- 进修课程
- 职业资格认证
- 职业成长
- 优先认股权
- 奖金
- 职业咨询
- 更多的权利——责任
- 弹性上班制
- 进修教育
- 项目
- 更大的办公电脑
- 更大的经费预算

当新的薪资确定的时候

1. 接受这个数目。通过口头以及书面的方式向那些为你加薪提供支持的人们致谢。

2. 要稍稍退缩一点儿，说："哦，我本来还希望能再高一点儿呢。"

3. 非常明显地表示不满，直接说出你有多么失望。

很显然，你选择上面哪一种方式，完全取决于你的长期策略考虑、你的职场关系以及你的未来规划。

以下是委婉表达不满的几种示例方式：

"我本来是期望能比这个高一点点来着。"

"您能不能再提高一点点？"

"正常的行业价位可能会比这个要高一点点。"

"我有一大家子人要养活呢。"

"我还要付按揭贷款呢。"

"我5年前的薪资就已经是 X 英镑了；所以我原本希望能更高一点儿的。"

请牢记：

·定期更新自己的简历——不断提醒自己，你正在做什么事情，你做了哪些额外工作，你现在的职业资格认证是什么，你即将获得哪些资格认证。

·定期更新你的领英网个人主页简历——在当今社会，无论人们是想要找你会谈，还是要考虑为你提供一份工作，在此之前，他们都喜欢好好看看你在领英网以及其他社交平台上公开的个人主页简历，这种方式越来越流行了。

·你的公共简历一定要凸显专业性——你在诸如脸书网这样的网站上所释放的信息，最好经过斟酌。笔者发现，有超过一半的人力资源人员在决定要不要面试之前都会去看看求职者的脸书网主页。

·要跟招聘顾问（猎头）保持联系——多样性法则告诉我们，当你手中掌握的可选项越多，你所占据的优势也就越大。这一点在任何种类的谈判中都是至关重要的，而在薪资谈判中则尤其如此。跟猎头们交谈，通过网络与他们保持联系，但是一定要让自己掌控局面。要注意猎头们天生就是为了销售而生的，而在他们眼中你就是他们的商品。不要让他们为你带来麻烦。

热点问题 2：如何通过谈判获得折扣优惠

心态是关键

你需要一个正确的心态。你需要将自己的心态调整为不放过任何争取折扣的机会。要将这种心态深深刻进你的思维之中，这样你才能时时刻刻思考着如何能花小钱办大事。

你需要养成这样一种意识：从现在起，我买的每一件东西都要获得折扣。这样的心态会给你带来惊人的成果。此外，请记住一点：你从折扣当中所获得的每一分钱，都是不用纳税的，是国家税务权力管辖不到的、纯粹属于你的收入。

如果你一无所求，你将一无所得

所谓讨价还价，其实需要你做的无非就是提出要求而已。但是问题的关键就在于此，你提问的方式决定了你的结果。

下面列举了一些措辞 / 语句，你可以使用它们，以一种实事求是的口气说出来：

"请给我常规的折扣。"
"请给我正常的折扣。"

如果对方问道："你是真要买吗？"这时你要说："是的，我一贯如此。"说这句话的时候一定要保持微笑。

使用"何物、何人、何法"技巧

重要提示！

一旦你习惯了讨价还价，你就会取得令自己吃惊的进步。

"何物"技巧

首先，要看你觉得自己要买的这件商品的利润差额是多少——也就是卖家从中赚到的钱的数额。如果你觉得利润空间还比较合理，这时候你就应该要求折扣了。

然而，如果你是在超市里面购买食物，那么我倒不觉得你有可能轻易地获得折扣优惠。在这种场合，优惠往往是通过购物卡等方式发放的。这时候你就一定要弄到自己所需要的购物卡，而且一定要积累积分。积分的价值往往比你想象的要大得多，尤其是在某些特定的日子里。

"何人"技巧

你应该向谁去要求打折呢？你应该找到他们的经理，或者看起来好像有权力决定打折的那个人。先接近他们，然后与他们套近乎。用本书先前提到的方法与他进行交流，制造闲聊的小话题，接下来就可以非常温和地提出折扣要求了。

"何法"技巧

具体如何做，这取决于当时的环境条件，你可以用很多种方式来做。这其中包含着判断力与直觉的因素。

下面列举了几个案例：

"如果我今天买了这个，您会给我打折吗？"

你给对方的暗示就是，你也可能不会买。

"请问您有权决定打折吗？"

如果他说有，你就微笑着说："那太好了！这件商品能给我打 8.5 折吗？"如果对方说没有，你就问他谁有打折的权力。

语气语调

一定要使用柔和的语气。

当你提出的是比较高的要求的时候，如果你能够以一种柔和的声调、降低你的音量去发问，那么你的要求被对方接受的可能性就会更大些。说话的时候声音要小，小到除了你们两个人之外，别人几乎听不见，哪怕在你们的听力范围之内根本就没有别人，也要如此。

如果对方拒绝了你的要求，不要放弃

你可以用一种开玩笑的口气说："我可以打赌您会给我打折吗？"暗看对方的反应，判断对方会不会真的打折。如果对方说，绝对不行，那么这时候你要么直接买，要么直接走人，或者还可以看看附近有没有卖相同商品的。

直接离开？你可以的，不是吗？

我曾经有一次在我们当地一家著名的文具连锁店里买东西，当时我买的是文件夹和纸，一共加起来 48.74 英镑。我问他们的经理，能不能"像往常那样"给我打个折，他们的经理回答说："我们只给学生打折。"

"那没问题，"我说，"因为我就是一个学生，只是年纪大了点儿。"他说："你得让我看看你的学生优惠卡才行。"我回答说我没有，然后我继续说："我向世界上成就最高的学者们学习，因为我相信终生学习的理念并且将其付诸实践，所以我是一名成人学生。"他跟我说，这不算数，他一定要看见证据才行。我回答说，我可以在一个小时之内拿到一张打印的"成人学生优惠卡"。

说到这里，我们两个人都大笑起来，然后他说："好吧你赢了，你可以得到你想要的优惠。"然后他给我打了最低的折扣。

我走到大街上，走进了一家数码打印店，然后要求打印一千张成人学生优惠卡。

一个小时之后，我取出了这些优惠卡。我在下面还放了一张，你可以复制这张卡，然后把你自己的名字填上去，就可以了。

欢迎来到成人学生俱乐部！毕竟，当你正在阅读这本书的时候，你就已经成为谈判技术的学习者了。可喜可贺。

请牢记：

· 要保持一种谈判者的心态——永远要想着争取优惠。永远期望自己能得到优惠。如果你争取不到价格上的优惠，那就争取得到赠品和额外服务。

· 练习提要求的方法——提问题的方式一定要温和而坚定，这将会大大增加你的成功概率。人们往往喜欢想自己喜欢的人给出优惠。

· 永远要有其他选择——如果对方认为你也可能在别人家买到这件商品，那么他们就知道该怎么做了，他们很可能会把售价降低到自己的撤出定位。

· 不要把对方的否定回答看作是彻底的否定——这只能说明你暂时没有得到折扣。不要被这件事所挫败，继续行动，在买下一件商品的时候继续争取优惠。

· 跟其他喜欢讨价还价的人请教——问问他们都做了哪些事，他们是怎么做的，以及他们因此获得了哪些成果。

热点问题 3：如何进行电话谈判

充分利用电话

电话交谈意味着你正在参与到一种双向对话沟通中，这种对话能让你对对方的提议做出即时的反应。

像平常一样，开始的时候先套近乎。尽可能地使用与对方相一致的措辞。举个例子吧，我接了电话："您好，我是德雷克·阿顿。"你可以使用我在上文中提到的用来建立融洽关系的词，比如可以这样说："您好，德雷克。请问您现在是否方便通话？或者我过一段时间再打给你？"

尽最大可能，不要放弃与对方交流的机会。这将会对你的谈判有所帮助。

尽可能打电话

如果主动打电话的一方是你，那么你可能会准备得更充分一点，因为你一定是挑自己状态比较好的时候打电话的。或者，你可以跟对方约定一个通话的时间，这样一来，就算是对方主动打电话过来，你也仍然能够事先做好准备。

如果对方打电话过来了，而你当时并没有预料到会有人打电话，那么你可以说你现在不方便通话，并且跟对方安排一个特定的时间，给他们打回去。再或者，问问对方，你是否可以短时间内回电给对方，这样可以给自己留出足够的时间做充分的准备。

做足准备

打电话的环境应该是独立的，避免干扰。关掉电脑上不相关的软件程序。把纸质文件收起来。去一间单独的房间，或者直接到室外去打电话。

打电话的时候应该站起来，这样的动作能使你保持良好的身体姿态，并因此更好集中注意力，身体和思维也能更好地协调。你将会感到更加自信，思维更加敏捷，因为你的大脑将会获得更多的氧气。

让别人旁听

如果这是一通比较有难度的电话交流，或者比较复杂，那么你可以把电话开到免提，或者让别人用独立耳机进行旁听（不过你应该向对方告知电话被旁听的事情）。

在通话过程中，在你进行谈判的时候，旁听者可以做笔记来记录对话重点并分析其中的意思。这一点在你事后回放电话内容的时候是非常有用的。

倾听看不见的信息

在电话交流的过程中，没有肢体语言可供我们去推测对方的真实意图，所以这时候你需要调动你的积极倾听技能了。要把注意力集中在电话上，集中在电话另一头的人身上，从对方的语音中倾听对方的意图以及犹豫。

中场休息

正如我们在所有谈判中所做的那样，如果你需要休息一下，借此思考你的谈判选项，那么你可以跟对方约好，一会儿什么时候再给对方回电，或者也可以给对方发送一封电子邮件，事先告诉他们你要打电话。

请牢记：

一定要礼貌，要建立融洽关系——问对方现在是否方便通话。适当的闲聊是很重要的，就像面谈中的闲聊一样重要。

模仿对方——经常模仿对方的用语、措辞以及语调语速，但是又不要模仿得太过频繁（太频繁了显得你是在自卫，并且缺乏诚意）。

提出高质量的问题然后耐心等待答案——你将会从对方回答的内容和方式中推断出接下来对方将会采取什么行动。

总结已经达成的一致——从对方说话的音调以及用语当中推断对方是否同意我们的观点。在通话后可以发邮件确认双方达成了哪些一致。事后立刻书写合同文本。

热点问题 4：如何进行团队谈判

团队谈判经常能够取得更好的效果

任何一个团队在发挥技能的时候都会取得大于个人之和的结果，这是各自为战所不能比拟的。团队中的人有不同的分工，有不同的视角，而且往往能够观察到不同的信息。

请记住团队这一单词的 4 个字母（TEAM）——它们代表着"齐心协力，人人都会取得更大的成就（together everybody achieves more）"。

争取别人的帮助

任何一场重大的谈判都不是一个人能够完成的。如果双方的谈判人数还没有确定，而你还能够请一些人加入你这一方的话，那么我强烈建议你组建一支团队，因为这对你的谈判计划成功实施将会起到至关重要的作用。

当你直接参与谈判讨论的时候，你是很难在集中注意力做好手中的事情的同时，又能够做好笔记，观察对方的肢体语言，并对当前的事态进行感知的。

如果你还没有一个团队来帮助你，那么你可以考虑请人来帮帮忙。你可以邀请你的一位朋友、一位导师、一位同事或者是一个你信任的人，只要这个人能够清楚地知道自己在谈判中扮演的角色就可以。作为回报，你可以承诺下次也为他们提供同样的帮助。你将会为观察员这个角色给你带来的有用信息之多而惊喜。

为团队成员分派角色

如果你有幸拥有一个大型团队，那么你就可以根据下面介绍的几个角色，组建一支谈判的"梦之队"了。在选择团队成员数量以及成员角色的时候，一定要小心谨慎，而且要牢记一点：事前部署和事后总结是非常重要的。

首席谈判者（必要角色）

这个角色的任务就是主导谈判、掌控沉默局面以及提出休会要求。在大多数情况下，这个角色往往由团队的领袖，也就是你自己来承担。一般情况下，这一角色就是团队中地位最高的人，是团队的掌控者。这也是一个承担着很多压力的角色，因为大多数人的注意力都会集中到这个人身上。在很多时候，这是一个在谈判中如履薄冰、充满风险的角色。也正因为如此，首席谈判者这个角色一定要有人做辅助，这对于取得谈判的胜利是非常重要的。这些辅助角色可以是一群充当左膀右臂的人，他们可以为首席谈判者分担一部分，或者分担大多数的其他工作，但是其中最重要的一项工作就是观察者的角色。观察者的任务是观察谈判桌上发生的各种事件以及谈判的进行状况。

观察者（必要角色）

这是一个非常活跃的角色，即便从谈判对手的角度看来，我方观察者的角色略显消极。观察者必须要仔细留心谈判桌上发生的一切：肢体语言、细微差别等；同时还要倾听对方所说的话、对方说话的方式、语音语调以及语感——对方说了什么，没有说什么，对方可能故意隐瞒了哪些信息。

团队成员之间进行讨论的关键时机，就是中途暂停或者休会期间。在大多数情况下，这样的时机是需要你主动争取的。你可以这样说——"我们现在已经取得了巨大的进步。您介意我和我的团队成员聊上两分钟吗？"

笔记员（可选角色）

这是一个记录者的角色——也就是做笔记、做会议记录的人。当然，这个角色可能还会负责书写协议书与合同书，或者书写会议纪要。如果你的团队里没有笔记员，那么你们团队里就需要有其他的人来承担这个角色，对会谈中双方所提出的以及达成一致的内容做细致的记录。

专家（可选角色）

这样的角色可以由一名工程师、成本估算师、技术员、产品专业人员、会计或者是律师来担任。只要你需要具有某一方面专业知识技能的人参与谈判，那就可以有这样的角色。

对这类人的任务分配，应该非常注意，要清楚告诉他们什么时候可以说话，什么时候不能说话。往往存在这样一种风险：你设计了一个问题抛向了对方，结果你方的专家却脱口而出地回答了这一问题。有时候这样的行为对专家们来说只是非常自然而然的反应，因为他们想要向对方显示自己的专业性。不要让他们不经过团队领袖的允许就擅自发言。他们可能被对方深深吸引，这一点一定要善加利用，否则就会造成不利影响。

口译员（可选角色）

有时候在一些漫长的谈判过程中，你是需要几位口译员的。在这些谈判中，你需要仔细理解文化差异，可能还需要集思广益。一定要确保口译者能够了解你的谈判目标，另外还要叮嘱他在讨论哪些重要的问题的时候需要保持沉默。

请牢记：

·进行团队任务部署——这种部署可以包括团队任务分配：什么人要说什么话，怎么说。团队成员们需要明白一点：团队领袖永远要掌控局面。

·告诉组员不要在未经团队领袖允许（这种允许可以是一次点头、一次眼神交流等等）的情况写擅自发言或者回答对方的问题——这将会保证会谈的中心点、谈判技巧和策略始终都在掌控范围之内。你肯定不希望他们随便乱说话。

·中途休息——中途休息的时间可以让团队领袖有休息的机会，并且让团队成员们能够交流自己的看法、创意，并对自己观察到、听到或者感知到的信息做出解释。这样，当休息时间结束之后，你们的团队就可以继续进行谈判，朝着定好的目标努力。

·进行事后总结——有哪些地方做得比较好？哪些地方下次可以做得更好？团队成员们看到了、听到了、感觉到了哪些信息？我们作为团队是如何发挥作用的？我们下次应该如何团结协作，做得更好？

重要提示！

学到就是赚到！

热点问题 5：如何通过邮件进行谈判

最大程度利用邮件

在我们进行谈判的时候，如果我们时间很紧不方便组织会谈，那么邮件就可以发挥作用了。邮件字数多少并不重要，是否能够得到对方的回复也不重要。然而，由于邮件是一种单向的沟通方式，而且又不能得到立即的反馈，所以在大多数情况下，还是应该谨慎使用。

如果你不能够前去参加面对面形式的会谈讨论，那么电子邮件就可以作为一种非常棒的备选项，可以让你们的谈判继续下去。

邮件的另外一大优势在于保存文字记录。邮件以书面的形式发出，都是有据可查的，这样一来你在今后就可以查阅过往的邮件交流内容了。

为你的邮件打草稿，并仔细审阅

自问一下，你是否已经清楚地表达了自己的意思，是否已经回答了对方的问题，你的邮件中是否还有哪些地方写得模棱两可。

如果你对一封邮件还有任何存疑的地方，那么你应该采取一些事先的防范措施。将邮件的收件地址写成你自己的邮箱，这样如果邮件中有什么错误，也是第一时间被自己发现，而且你可以在收件箱中看到你发出的邮件看起来是什么样子。

1. 在给对方写邮件或者回复对方的邮件时，先在另外开启的一个窗口中写草稿。这样是为了确保在你真正写好邮件之前，邮件不会被误发出去。

2. 不要过快地按下发送按钮。可以把邮件打印出来，慢慢地、仔细地读一遍。无论是你先给对方发邮件，还是你要回复对方的邮件，你都应该确定自己先把邮件仔细读了一遍，这样才能确保你在邮件中表达了你想要表达的信息。

3. 在你最终发送之前，对邮件进行隔夜思考。在你写邮件的时候，由于情绪因素，你往往更倾向于做出快速反应。但有些邮件往来可能是暗藏玄机的，那么往往你在回复之前就需要进行 24 小时的全面思考。这段时间也可以有助于你向你熟识并且信任的人寻求帮助，问问他们的想法。

4. 请记住，在邮件中使用大写字母就等于在冲着对方大吼大叫，所以不要这样做。使用红色字体就意味着愤怒！对于偶尔出现的重点，要用粗体字或者斜体字标出。但不要把整封邮件全部用粗体字或者斜体字写成。另外还要注意一点：不同邮件系统的排版方式是不一样的。所以，在你的邮件送到对方邮箱之前，它的格式可能已经发生了变化。因此，必要的时候你可以在邮件中附上一份 PDF 文件，以避免格式被篡改。

表现出职业化而又友善的面貌

尽管邮件应该是职业化的，但是永远不要忘记它的接受者是一个活生生的人。你的邮件另一端是一个人，一个会为你提供帮助的人。你的邮件应该让人们想要以礼貌的方式、心怀敬意地对待，而不是以一种无所谓的方式随意处理。

群发电子邮件（或抄送给所有人的）可能会引起混乱和误解。对这样的邮件，收件人可能会插言回复，而且对自己说的话也不负责。

所以一定要单独给每一位收件人发送邮件，不要一下子回复给所有人。如果你觉得你邮件里要写的东西可能会引起争议的话，那么一定要直接单独发送，而不是抄送给多名收件人。

澄清误会

如果你认为对方没有理解你所说的意思，那么直接解释一些这个问题，努力将问题本身讲清楚。把自己想要表达的内容换一种方式来说，或者可以使用打比方的办法。

请记住，在邮件中你是不可能去调整自己的语音语调的，所以要确保自己的语言使用要合适得当。更重要的是，你不会看到对方收到邮件时的反应，所以一定不要给对方留下任何误解的余地。

在讨论细节问题或者给细节问题做总结的时候，电子邮件可以发挥非常重要的作用。邮件的一个优势在于，你能够看到先前的所有邮件文本，这样，如果你想要回顾过去的什么事情，就可以直接从以往的邮件中复制粘贴相关的文字就好了。

在合适的时候发送邮件

心理学家曾经告诉我，收件人在接收邮件的时候处于什么样的状态或者心态之中，会决定他们对你这封邮件的解读。

此外，对方打开你的邮件的时间，往往有可能决定对方接收邮件时的心情，以及他对邮件中关键字词的理解方式。对方在下午和晚上打开你邮件的时间点越晚，那么他们就越不情愿看到你这封邮件。而且有时候如果夜深了，他们还有可能会直接使用智能设备来读邮件，然后用粗暴的方式回复你！

请牢记：

- 要礼貌——永远要把邮件写得礼貌些，可以在邮件中加入个人照会以及对对方的问候语。不要忘记写上收件人的姓名。
- 要简洁——长邮件往往不会被对方彻底地消化，所以一定要切中主题，但是也不要太短，太短了就会看起来有粗鲁的意味。
- 给对方提供可选项——让一封邮件看起来像一次交流沟通一样，办法就是向对方提供可选项。为他们提供可以选择的不同项目：包裹、时间或者地点，例如："如果您能做……，我们就能做……"
- 邮件的结束语要有礼貌——有些人习惯在邮件上写上最后截止日期，并且也不会添加祝福语或者"感谢您的帮助"或者任何类似的内容。这样的习惯对于促成合作共赢而言，肯定是不利的。你只需要5秒钟的时间，加上一句祝福语，一切看起来就好多了。

热点问题 6：如何进行国际谈判

国际谈判中的重点

在当今时代，我们有时候可能会需要进行国际性的谈判。这种谈判可能是面对面的，可能是通过电话的，可能是视频会议，也可能是通过邮件或者互联网。

在国际谈判中有一些因素是需要考虑的，这些因素诸如文化、语言、传统、礼仪和名誉。你必须要注意外交礼节以及等级位分；在有些国家，如果你在这方做错了，他们是不会容忍你的。

然而，在当今时代，随着全球人口出现大量的迁徙现象，我们所生活的地球逐渐变成了一个全球化的村落。可尽管如此，还是有一些关于不同文化的思维定式需要去注意。下面将为大家提供一些指导。

因为英语几乎已经成了全世界通用的语言，所以注意到这一点非常重要。然而，尽管一个人的英语可能说得不错，但是要知道他们很可能是在根据自己的母语进行翻译。

如果可能的话，在与外国人谈判的时候最好邀请当地的同事或者代理商或者顾问来帮助你，这将会是非常明智的举动。这样的举动会向对方传达一个信息：在这个国家或者地区，你还是有关系的，而且你也能够为这个国家带来经济上的利益。

基本假定

我们在做谈判的时候，一个基本假定就是：每个人在行为方式上都是不同的，所以我们需要了解对方，了解他们的真实想法。

在国际谈判场合，这一点显得尤为重要。

万能法则

根本不存在什么万能法则！

在你去一个陌生的国家之前，首先要做一番功课。你可以通过上网查资料来了解对方国家的风俗习惯以及事情发生的各种可能性。你要知道那里的人民是如何相互沟通的，他们抱有什么样的期待，要知道如何着装得体，如何称呼你见到的人。

找那些曾经去过该国的人好好谈一谈。你可以通过社交网络、社交媒体以及生意伙伴等途径了解信息。

不要做主观预判。要通过核实信息来找出关于这个国家、这个民族以及他们的文化和即将约见的公司等级制度等方面的信息。

一定要花时间好好研究对方名字的发音，要做到准确。

重要提示！

国与国之间是不同的，文化与文化之间也是不同的。

国际谈判的参考意见

下面为您列举一些参考意见，可能会对你有所帮助。

不过，请一定不要把这里列举的任何参考意见当成是金科玉律，因为不同的情境是有所差异的。我们这里列举的只是一般性的建议。对于人际交往来说，没有哪两个情况或者哪两个人是完全一样的。

举个简单的例子吧，那些曾经到英国或者美国留学过的人，他们往往会怀有更加贴近西方世界的态度，而相比之下，那些从来没有离开过自己国家的人就不会这样。

欧洲

在欧洲，越往南走，当地的人们就越喜欢讨价还价，同时当地的时间观念也没有那么严格。然而在德国人以及日耳曼文化的观点中，准时和高效是重要的，不要迟到。

在有些国家，谈判的过程可能充满艰辛，甚至会存在粗鲁和攻击性的行为。但是，一旦双方签署了合作协定，那么对方的语气就会变得更加轻松，这时候人往往就会期待着进行一些社交性的活动了。有时候在谈判结束之后，他们甚至会希望你成为他们的朋友。

荷兰人说话的口音有时候听起来有些粗鲁，而且他们说话的用词听起来也非常的生硬。但是实际上他们并不粗鲁，他们都是很有礼貌的人。

斯堪的纳维亚半岛的人，或者说北欧人，他们往往更加积极合作，同时也会保守秘密。

北美

在美国，人们往往会显得稍微强硬一些，他们偏好那种"废话少说"的处事风格。他们在谈判的时候往往快速切入主题，几乎不留什么时间来闲聊家常。他们喜欢向同事炫耀自己所取得的战果。

一位美国资深谈判师告诉我，以他的经验来看，通常英国人比美国人更加偏向合作型，而美国人在谈判中则往往表现得更加具有侵略性。

在美国，人们互相称呼的时候往往直呼其名。

我在美国的一位客户蒂姆·德金如是说道：

"在日常交往的休闲气氛中，美国人往往愿意握手、勾肩搭背，甚至如今已经开始喜欢上拥抱了。但是一旦他们在乘坐公交、地铁或者处在人群中的时候，他们就会连最简单的肢体接触都避之不及。如果一个美国人不得不乘坐典型的东京列车的话，那他简直就会晕过去。"

南美 / 拉丁美洲

由于历史上拉丁美洲长期被来自南欧的殖民者所占领，所以拉丁美洲留存了南欧的文化影响。通常人们认定的一点就是，你可以像对待西班牙人和对待葡萄牙人那样对待拉美人。然而，尽管这是一条经验之谈，我们还是应该注意到，其实拉美的不同国家之间还是存在着一些值得关注的问题的。拉丁美洲的一些国家也会同时受到意大利文化的影响。

在巴西，人们几乎很少会拿时间问题说事儿。而在阿根廷，人们往往就更加重视准时的问题了。一般来讲，在拉丁美洲，待人的热情是非常重要的。如果你能够学会用当地的语言跟对方聊天，尤其是见面能够打招呼，平时能够开点儿小玩笑，那么这将会对你建立融洽关系、被对方所接受起到巨大的帮助作用。

当然，这一点对于世界上的其他国家也是适用的。只要你肯付出一点儿努力，那么你得到的回报一定是巨大的。

西亚北非

人际关系对他们来说是非常重要的。阿拉伯文化天生就有热情好客和友善的一面，但是想要建立私人之间的亲密关系的话，还是需要花费一段时间的。对阿拉伯人来说，时间不是什么特别重要的问题。

然而，阿拉伯人可能会邀请众多的顾问（来自欧洲、亚洲以及其他地区的一些侨民）。而且，他们的谈判风格也会反映出他们最本真的状态，他们往往对自己当地的文化影响（他们的上司）有着充分的了解。

在西亚北非有一条规矩，如果你是一名男性，那么你不能和阿拉伯女性握手，反之亦然。

阿拉伯人往往希望在商品质量保证不变的情况下，争取到一定的优惠。

正如我先前所说，西亚北非人往往需要一定的时间来建立起融洽的人际关系。然而有一些在西方文化环境下长大的人，尤其是美国人，他们就更喜欢直奔主题，直接谈生意。在有些地方，人们特别会关注"你的遣词造句"。

值得注意的一点是，你可能需要确认，坐在对面与你谈判的这个人到底有没有足够的权力来与你谈判并且为合同条款做出最终的决定。毕竟人们会在达成最终的协议之前借口说要"请示一下"，这已经是老生常谈了（高权威策略的过度使用）。

我曾经听人谈论过一次发生在西亚北非地区的谈判，当时有位美国人深深地参与其中。在这场谈判中，他们花费了整整6个小时的时间，就为了讨论桌子到底应该用多大型号的，以及待会儿吃什么。

说点与上文相关的补充内容吧。我曾经被邀请参加一场在北哈洛举行的谈判。当时我们谈判的地点是一所清真寺，它的前身是一座侦察哨所。可是我一开始并没有听谁说这是宗教场所，所以进门都没有脱鞋。结果我就被人礼貌而坚决地请到我该去的地方去了。

亚洲

在南亚次大陆上生活着的人们，长久以来一直从事着海上贸易，在他们的谈判过程中，激烈的讨价还价已经成为必不可少的一部分了。

在很多地方，诸如新加坡等地，还留存着英国文化的影响，然而近年来，中国文化的影响则正在变得越来越强。

人们对名片这种东西往往视若珍宝般地尊重——尤其是在东亚地区。你在递名片的时候要双手递出，接受的时候要双手接过来，以示尊重。

在这些地区，人们往往会很看重参与会谈的人的身份地位尊卑。举个例子，身份地位在开会的座位安排上就有所体现，地位最高的人坐在离门最远的上座，而其他与会人员则依照身份等级从高到低的顺序在两边分列就座，地位最低的人就只能坐在门边的末座了（而且还有人告诉我说，那些坐在末座的人甚至还要承担拦截入侵者的门卫职责）。这样的安排是受到了风水学说的影响。

在过去的中国，人们可以把一次握手之交或者一次私人之间的承诺就当作是一种契约关系，并且认为这是不能反悔的。尽管在如今全球化的尔虞我诈氛围中，这种古老的精神可能并不会完好留存，但是这至少也能让我们对中国文化有一点儿了解。

我曾经听到这样一件事，有一支来自我们西方的商团去日本谈判，在谈判桌上他们的人把名片隔着谈判桌扔给了对方。当时在场的日本人都被这种他们觉得傲慢无礼的西方行为吓了一跳。

澳大利亚

澳大利亚人的风俗似乎介于美国文化与英伦文化之间。他们的幽默感，和他们的谈判风格一样，有时候可能会有一点儿粗糙或者听起来有点儿奇怪。举个例子吧，一个澳大利亚人跟你谈论他的某个朋友的时候，甚至在当面谈论你自己的时候，他们的讲话方式往往都有一点儿不太中听。所以，当你听到澳大利亚人说了一些乍听起来好像不太礼貌的话，这时候最明智的做法永远是观察对方有没有微笑，然后才能判断他的真实意图。

曾经有一次，我在澳大利亚墨尔本的一家旅店登记入住。当时我被安排到了42层的一个房间。然而，当我要求他们给我换一个房间的时候，他们说客房已经满了。要知道当时才刚下午，所以他们很可能是在敷衍我。我于是就说我不喜欢住在太高的楼层。结果他们的柜员直接面无表情地说了一句："那你不要往窗外看就好了。"当然这个例子还是有点儿极端，但是在我看来，这确实可以作为我在澳大利亚亲身体会到的直率风格的代表。

一般性提示

点头

在日本，点头意味着"我懂了"；而在因纽特人看来，点头意味着"不"。

肢体接触

在有些国家，人们比较容易接受身体接触，而另一些国家则不然。在那些肢体接触并不十分流行的国家里，人与人之间的肢体接触的安全部位就是在肘部附近。曾经有家报纸做过一份调查，调查结果显示，在意大利米兰，人们有时候在一天之内肢体接触会有上百次。而同样的调查在伦敦进行，得到的结果却是：英国人除了偶尔的握手之外，几乎从不进行肢体接触。

重要提示！

当你在进行谈判的时候，请一定要确保你的所有诸如肢体接触之类的手势动作都是符合对方文化习惯的。

"OK"也许不是"OK"。
这个动作是把食指和拇指的指尖相触，两个手指扣成一个圈。

- 在美国，这个动作通常表示的是一切正常。
- 在法国，这个动作通常表示数字零。
- 在日本，这个动作表示钱。
- 在突尼斯，这个动作的意思是我要杀了你。
- 而在有些东方国家，这是一个非常下流的动作。

竖起大拇指

这个动作可以表达同意、一切都好的含义，而在有些国家则表示非常无礼的含义。在西方，这个动作表达的是正面含义，而在东方，这个动作表达的是相反的含义，所以这一点一定要注意。从前有一次我对一位菲律宾人竖起了大拇指，当时没有注意到文化差异，结果对方被惹火了，于是我只好道歉。

脚底板

让别人看到你的脚底板是一件非常没有礼貌的事。

曾经有一次在利比亚的谈判，当时利比亚的统治者卡扎菲上校在与英国首相托尼·布莱尔就当前局势缓解的问题以及传言所说的洛克比恐怖袭击事件的凶手等相关问题进行谈判的时候，有人发现卡扎菲向对方露出了脚底板。当时布莱尔首相显然没有注意到这一点，作为一个政治家，在那种情况下他没有选择。毫无疑问，在他结束谈判之后，他的顾问告诉他卡扎菲信守诺言的可能性不大，因为他在拍照的时候保持的姿势也同样能让对方看到他的脚底板。

所以，无论你是用什么样的肢体语言，你都应该注意——对方可能并没有足够的跨文化理解力。

文化分歧

我曾经读到一篇文章，讲的是斯坦福大学（Stanford University）联手美国花旗集团在全世界范围内进行了一次调查，受访者们被提问到这样一个问题：

"如果你有一位同事要求你帮忙完成一项非常大的任务，那么在什么样的情况下你会觉得自己最有义务去帮助他呢？"

受访者们所反馈的答案中，有一些支持率最高的，列举如下：

· 在西班牙——如果这位同事与我的家人或者朋友熟识（好感／信任）
· 在东亚（中国香港）——如果他与我的老板熟识（权威）
· 在英国、美国和加拿大——如果他之前为我做过什么事（互惠）
· 在德国——如果公司规定允许我应该这样做（权威）

这项调查说明，在进行国际交流和跨文化交流的时候，我们总是有必要注意到不同文化之间的差异性，而且这种差异性往往是非常大的。

请注意，在肢体语言和人们之间的互动模式等方面，不同地区之间是存在着众多差异的。所以非常重要的一点就是，你应该向那些具有丰富经验知识的人去讨教，了解文化之间的差异。这时候你需要的已经不再仅仅是一名语言翻译了，他必须同时也是一名文化翻译才行。

对于一名来到英国参加会谈的外国客户来说，如果你能把他的行程安排得越轻松愉快，那么你们后续的谈判能够顺利进行的可能性就越大：

· 如果你能做到的话，请亲自到机场去迎接。或者可以叫一辆车去机场接他们，这样能保证他们下飞机能有人迎接。要带着他们去吃饭，带他们四处游览，一定要尽到地主之谊。

· 可以花几分钟时间，带他们见见你们公司里地位最高的人。就算这位领导实际上跟你们的谈判并没有什么关系，对方也可能会将此视为一种优待和重视的表现。"让我把您引见给我们的董事长……"

请牢记：

在有些民族的文化中，时间是非常重要的——在有些国家，比如德国，如果你不准时的话，谈判就会有被取消的风险。而在西亚北非，时间倒不是一个很大的问题，我曾经听说过有的谈判者迟到一个小时之久。我曾经受到委派去阿布扎比的皇宫里指导一名阿拉伯酋长。当时我们的课程一共为期两天，他竟然每天都迟到一小时。后来有人告诉我，这种事情简直司空见惯。

会谈的氛围 / 环境——你们的会议将会在什么时间、什么地点举行？你有没有必要带一点儿小礼物，作为对对方尊重的表示？你们的座位安排应该是什么样的？应该给对方留出多少人的座位？我方需要多少座位？

站在别人的角度去思考问题——对方想要达到的目标是什么？对方的目的是什么？我们能够用哪些行为显得与对方更加相像？请记住，人们往往更容易被他们喜欢的人所影响。这是所谓的"PLM"因素：人们喜欢我。

如果你遇到一些看似反常的行为，不要把它当成是在针对自己——那可能仅仅是文化差异的一种表现罢了。请记住，一旦你远赴国外去参加谈判，就意味着要脱离自己的舒适区了。所以，你眼中的所谓奇怪现象，在人家看来可能就是平常的事，只是你反应过度罢了。

万能法则——没有所谓的万能法则。但是还是有一些指南需要思考和注意。

附录

第五章中将九个圆点连起来的题目的答案：

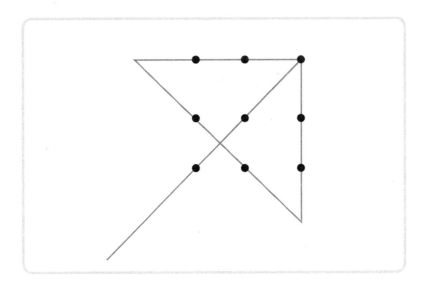

在很多时候，问题的解决方案往往是超出常规思维之外的。